地方選挙ハンドブック

傾向・対策と問題点

飯田泰士

えにし書房

地方選挙ハンドブック――傾向・対策と問題点――◎目次◎

目次

I　はじめに

２０１５年、第18回統一地方選挙が実施される。

第17回統一地方選挙は２０１１年に実施されたので、4年ぶりの統一地方選挙だ。

そしてもちろん、地方選挙が実施されるのは、統一地方選挙の際だけではない。

地方選挙は、日本各地で毎週のように実施されている。

そこで、本書は、地方選挙をテーマとする。

具体的には、候補者、当選人、有権者、投票に関して述べる。

立候補を検討するとき、選挙戦略を立てるとき、地方選挙に関する問題点を考えるときなどに、役立つと幸いだ。有益なデータ・理論は、本文・注にできる限り多く掲載しておく。

Ⅱ　候補者

1　統一地方選挙の候補者

まず、2011年の第17回統一地方選挙に注目して、地方選挙の候補者に関して述べる。述べるにあたっては、総務省自治行政局選挙部『平成23年４月執行地方選挙結果調』の区分に基づき、(1) ①県議（都道府県議員）、②知事（都道府県知事）、③指定市議（指定市議員）、④指定市長（指定市市長）、⑤市議（その他の市の議員）、⑥市長（その他の市の長）、⑦特別区議（東京都特別区議員）、⑧特別区長（東京都特別区長）、⑨町村議（町村議員）、⑩町村長に分けて述べる。

2　候補者数と2014年衆議院議員総選挙・2013年参議院議員通常選挙

なお、統一地方選挙の際に、全ての地方選挙が実施される、というわけではない。例えば、第17回統一地方選挙では、統一率（統一地方選挙で実施される選挙の全地方選挙に占める割合）は27.4％に過ぎなかった。(2)

表Ⅱ❶第17回統一地方選挙・県議の年齢別候補者数

区分	25～29歳	30～39歳	40～49歳	50～59歳	60～69歳	70歳以上	合計
候補者数（人）	45	396	670	1092	1064	190	3457
割合（%）	1.3	11.5	19.4	31.6	30.8	5.5	100.0

それでも、以下で示すように、統一地方選挙の候補者数は多い。他の大型選挙、すなわち、衆議院議員総選挙・参議院議員通常選挙と比較しても、候補者数は、統一地方選挙が圧倒的に多い［参議院議員通常選挙では、選挙区選挙・比例代表選挙が実施される。最近の参議院議員通常選挙である２０１３年の第23回参議院議員通常選挙の候補者数は、選挙区選挙271人、比例代表選挙162人、合計433人だ。[3] また、衆議院議員総選挙では、小選挙区選挙・比例代表選挙が実施される。最近の衆議院議員総選挙である２０１４年の第47回衆議院議員総選挙の候補者数は、小選挙区選挙[4]959人、比例代表選挙[5]841人だ。ただし、比例代表選挙の候補者のうち609人は重複立候補なので、比例単独候補の数は232人だ。そのため、その総選挙の候補者数の合計は１１９１人だ[6]（959人＋232人＝１１９１人）］。

3　各地方選挙の候補者

(1)　県議

①県議に関して。

その選挙の候補者数の合計は３４５７人だ。

男女の内訳は、男性３１１０人[7]（90.0%）、女性347人（10.0%）。

また、無所属の候補者は934人（27.0%）。

そして、その選挙の年齢別候補者数の表が表Ⅱ❶だ、候補者の平均年齢は55歳だった[8]

表Ⅱ❷第17回統一地方選挙・知事の年齢別候補者数

区分	30～39歳	40～49歳	50～59歳	60～69歳	70歳以上	合計
候補者数（人）	2	6	14	13	4	39
割合（％）	5.1	15.4	35.9	33.3	10.3	100.0

表Ⅱ❸第17回統一地方選挙・指定市議の年齢別候補者数

区分	25～29歳	30～39歳	40～49歳	50～59歳	60～69歳	70歳以上	合計
候補者数（人）	42	226	317	384	346	46	1361
割合（％）	3.1	16.6	23.3	28.2	25.4	3.4	100.0

（表Ⅱ❶は、「Ⅱ」章の「1」番目の「表」、ということだ。他の表も同様）。

（2）知事

②知事に関して。

一般に、地方選挙の中で最も注目されるのが、この選挙だ（例えば、2014年、東京都知事選挙・沖縄県知事選挙が全国的に注目された）。

その選挙の候補者数の合計は39人だ。

男女の内訳は、男性34人（87.2％）、女性5人（12.8％）。

また、無所属の候補者は30人（76.9％）[9]。

そして、その選挙の年齢別候補者数の表が表Ⅱ❷だ、候補者の平均年齢は58歳だった[10]。

（3）指定市議

③指定市議に関して。

その選挙の候補者数の合計は1361人だ。

男女の内訳は、男性1122人（82.4％）、女性239人（17.6％）。

また、無所属の候補者は352人（25.9％）[11]。

そして、その選挙の年齢別候補者数の表が表Ⅱ❸だ、候補者の平均年

表Ⅱ❹第 17 回統一地方選挙・指定市長の年齢別候補者数

区分	25〜29歳	30〜39歳	40〜49歳	50〜59歳	60〜69歳	70歳以上	合計
候補者数（人）	0	1	5	2	7	0	15
割合（%）	0.0	6.7	33.3	13.3	46.7	0.0	100.0

表Ⅱ❺第 17 回統一地方選挙・市議の年齢別候補者数

区分	25〜29歳	30〜39歳	40〜49歳	50〜59歳	60〜69歳	70歳以上	合計
候補者数（人）	128	690	1298	2823	3163	523	8625
割合（%）	1.5	8.0	15.0	32.7	36.7	6.1	100.0

齢は52歳だった。(12)

（4）指定市長

④指定市長に関して。

その選挙の候補者数の合計は15人だ。

男女の内訳は、男性11人（73.3%）、女性４人（26.7%）。

また、無所属の候補者は12人（80.0%）(13)。

そして、その選挙の年齢別候補者数の表が表Ⅱ❹だ、候補者の平均年齢は56歳だった。(14)

（5）市議

⑤市議に関して。

その選挙の候補者数の合計は８６２５人だ（第17回統一地方選挙の際、候補者数が最も多かったのが、この選挙だ。なお、２００７年の第16回統一地方選挙の際も、この選挙の候補者数が最も多く、その数は９９２９人だった）(15)。

男女の内訳は、男性７３５９人（85.3%）、女性１２６６人（14.7%）。

また、無所属の候補者は５５５８人（64.4%）(16)。

そして、その選挙の年齢別候補者数の表が表Ⅱ❺だ、候補者の平均年

表Ⅱ❻第17回統一地方選挙・市長の年齢別候補者数

区分	25～29歳	30～39歳	40～49歳	50～59歳	60～69歳	70歳以上	合計
候補者数（人）	0	9	26	59	98	11	203
割合（%）	0.0	4.4	12.8	29.1	48.3	5.4	100.0

表Ⅱ❼第17回統一地方選挙・特別区議の年齢別候補者数

区分	25～29歳	30～39歳	40～49歳	50～59歳	60～69歳	70歳以上	合計
候補者数（人）	52	228	295	352	204	31	1162
割合（%）	4.5	19.6	25.4	30.3	17.6	2.7	100.0

齢は57歳だった。(17)

（6）市長

⑥市長に関して。
その選挙の候補者数の合計は203人だ。

男女の内訳は、男性188人（92.6%）、女性15人（7.4%）。

また、無所属の候補者は195人（96.1%）(18)。

そして、その選挙の年齢別候補者数の表が表Ⅱ❻だ、候補者の平均年齢は59歳だった。(19)

（7）特別区議

⑦特別区議に関して。
その選挙の候補者数の合計は1162人だ。

男女の内訳は、男性881人（75.8%）、女性281人（24.2%）。

また、無所属の候補者は231人（19.9%）(20)。

そして、その選挙の年齢別候補者数の表が表Ⅱ❼だ、候補者の平均年齢は50歳だった。(21)

表Ⅱ❽第17回統一地方選挙・特別区長の年齢別候補者数

区分	25～29歳	30～39歳	40～49歳	50～59歳	60～69歳	70歳以上	合計
候補者数（人）	0	5	7	10	15	9	46
割合（%）	0.0	10.9	15.2	21.7	32.6	19.6	100.0

表Ⅱ❾第17回統一地方選挙・町村議の年齢別候補者数

区分	25～29歳	30～39歳	40～49歳	50～59歳	60～69歳	70歳以上	合計
候補者数（人）	15	125	344	1376	2556	610	5026
割合（%）	0.3	2.5	6.8	27.4	50.9	12.1	100.0

(8) 特別区長

⑧特別区長に関して。

その選挙の候補者数の合計は46人だ。

男女の内訳は、男性42人（91.3%）、女性4人（8.7%）。

また、無所属の候補者は45人（97.8%）[22]。

そして、その選挙の年齢別候補者数の表が表Ⅱ❽だ、候補者の平均年齢は59歳だった[23]。

(9) 町村議

⑨町村議に関して。

その選挙の候補者数の合計は5026人だ。

男女の内訳は、男性4561人（90.7%）、女性465人（9.3%）。

また、無所属の候補者は4443人（88.4%）[24]。

そして、その選挙の年齢別候補者数の表が表Ⅱ❾だ、候補者の平均年齢は61歳だった[25]。

(10) 町村長

⑩町村長に関して。

表Ⅱ⑩第17回統一地方選挙・町村長の年齢別候補者数

区分	25～29歳	30～39歳	40～49歳	50～59歳	60～69歳	70歳以上	合計
候補者数（人）	2	0	4	56	108	31	201
割合（%）	1.0	0.0	2.0	27.9	53.7	15.4	100.0

その選挙の候補者数の合計は201人だ。

男女の内訳は、男性195人（97.0%）、女性6人（3.0%）。

また、無所属の候補者は201人（100.0%）[26]。

そして、その選挙の年齢別候補者数の表が表Ⅱ⑩だ、候補者の平均年齢は62歳だった[27]。

4　年齢に関する相違点と超高齢社会日本

(1)　候補者の年齢構成

以上、第17回統一地方選挙に注目して、地方選挙の候補者に関して述べた。

同じ統一地方選挙の際に実施された地方選挙でも、候補者に関して異なる点があることがわかっただろう。

例えば、第17回統一地方選挙の際、候補者の中の40歳未満の割合は、①県議12.8%、②知事5.1%、③指定市議19.7%、④指定市長6.7%、⑤市議9.5%、⑥市長4.4%、⑦特別区議24.1%、⑧特別区長10.9%、⑨町村議2.8%、⑩町村長1.0%だ。その割合が最も高い⑦特別区議と最も低い⑩町村長には、大きな差がある。

ただ、候補者の中の40歳未満の割合が最も高いのが⑦特別区議といっても、その割合は24.1%に過ぎない。

各選挙区によって事情が異なるのはもちろんだが、一般に、40歳未満の候補者、特に

20代の候補者は目立ちやすい。選挙のときに目立ちやすいというのは、悪いことではない。

また、第17回統一地方選挙の際、候補者の中の60歳以上の割合は、①県議36.3％、②知事43.6％、③指定市議28.8％、④指定市長46.7％、⑤市議42.7％、⑥市長53.7％、⑦特別区議20.2％、⑧特別区長52.2％、⑨町村議63.0％、⑩町村長69.2％だ。その割合が最も高い⑩町村長と最も低い⑦特別区議には、大きな差がある。

（2）候補者の平均年齢

以上のように⑩町村長は、候補者の中の40歳未満の割合が最も低く、候補者の中の60歳以上の割合が最も高い。逆に、⑦特別区議は、候補者の中の40歳未満の割合が最も高く、候補者の中の60歳以上の割合が最も低い。

そして、候補者の平均年齢が最も低いのが、その⑦特別区議だ（低いといっても、先程述べたように、その平均年齢は50歳だ）。⑦特別区議は、2003年の第15回統一地方選挙・2007年の第16回統一地方選挙でも、候補者の平均年齢が最も低かった。(28)

なお、現在、日本は超高齢社会だ。そして、今後も、高齢化は進む。(29)

そのことをふまえると、将来、候補者の平均年齢は今より高くなる、と考えられる。もちろん、今後、①若い世代が従来より立候補するようになる、②被選挙権年齢が引き下げられる、(30)③被選挙権年齢に上限が設けられる(31)といったこと等を理由に、そうならない可能性はある。

5　無所属に関する相違点と2014年沖縄県知事選挙・福島県知事選挙

また、第17回統一地方選挙の際、候補者の中の無所属の割合は、①県議27.0％、②知事76.9％、③指定市議25.9％、④指定市長80.0％、⑤市議64.4％、⑥市長96.1％、⑦特別区議19.9％、⑧特別区長97.8％、⑨町村議88.4％、⑩町村長100.0％だ。

議員の選挙と長の選挙を比較すると、長の選挙の方が、候補者の中の無所属の割合が高い。

長の選挙がそのようになる理由の1つは、選挙の際、政党が相乗り・共闘するにあたって、候補者が無所属の方が、都合が良いからだ。2014年の沖縄県知事選挙・福島県知事選挙でも、そのようなことが見られた。

国政では対決している自由民主党と民主党が、長の選挙で相乗りするのも珍しくない。それを「おかしい」「わかりにくい」と思う国民もいるだろう。2014年の福島県知事選挙が、まさに、そのような選挙だった。その選挙における自由民主党・民主党の相乗りの背景には、原発政策の争点化を避けたい安倍政権の思惑があったとされる。[32]

6　男女比に関する相違点と「女性が輝く社会」

（1）女性の割合

また、第17回統一地方選挙の際、候補者の中の男性の割合は、①県議90.0％、②知事87.2％、③指定市議82.4％、④指定市長73.3％、⑤市議85.3％、⑥市長92.6％、⑦特別区議75.8％、⑧特別区長91.3％、⑨町村議90.7％、⑩町村長

97.0％だ。

そしてまた、いうまでもないかもしれないが、第17回統一地方選挙の際、候補者の中の女性の割合は、①県議10.0％、②知事12.8％、③指定市議17.6％、④指定市長26.7％、⑤市議14.7％、⑥市長7.4％、⑦特別区議24.2％、⑧特別区長8.7％、⑨町村議9.3％、⑩町村長3.0％だ。

候補者の中の男性の割合が最も高いのは⑩町村長、候補者の中の女性の割合が最も高いのは④指定市長だ（なお、候補者の中の女性の割合が2番目に高いのは、⑦特別区議だ。⑦特別区議は、その割合の高さが安定しており、第15回・第16回統一地方選挙でも、その割合が20.0％を超えていた。④指定市長はそうではなく、第15回統一地方選挙では、その割合が14.3％、第16回統一地方選挙では、その割合が0.0％だった。[33] ④指定市長はその割合のブレ幅が大きい）。

ただ、候補者の中の女性の割合が最も高いのが④指定市長といっても、その割合は26.7％に過ぎない。

日本人の中の女性の割合が50.0％を超えていることをふまえると、[34] 候補者の中の女性の割合はかなり低いといえる。日本社会の状況を原因として、女性が立候補しようと思えない、あるいは、立候補しようと思っても立候補できないのであれば、大問題だ。

そして、候補者の中の女性の割合が低いということは、一般に、女性の候補者は目立ちやすいということだ（もちろん、各選挙区によって事情は異なる。例えば、ある選挙区の候補者全てが女性ということもあり得るが、そうなった場合、その選挙区で、女性の候補者は別に目立たない。なお、第47回衆議院議員総選挙では、候補者の中の女性の割合は低かったが、岐阜1区の候補者は女性だけだった）。

先程述べたように、選挙のときに目立ちやすいというのは、悪いことではない。

（2）レアキャラクター

なお、候補者の中の女性の割合は、上昇傾向にある。

ここで、第17回統一地方選挙（2011年）・第14回統一地方選挙（1999年）・第11回統一地方選挙（1987年）に関して、候補者の中の女性の割合の表を示す。それが表Ⅱ⓫だ。(35)

第17回統一地方選挙と第14回統一地方選挙を比較すると、全ての区分で、第17回統一地方選挙の方が女性の割合が高い（表Ⅱ⓫）。

表Ⅱ⓫候補者の中の女性の割合（単位は％）

区分	第17回	第14回	第11回
①県議	10.0	8.0	4.4
②知事	12.8	6.9	0.0
③指定市議	17.6	15.6	7.3
④指定市長	26.7	0.0	0.0
⑤市議	14.7	10.4	4.6
⑥市長	7.4	3.5	1.9
⑦特別区議	24.2	18.5	8.1
⑧特別区長	8.7	4.3	5.7
⑨町村議	9.3	4.9	1.4
⑩町村長	3.0	0.7	0.2

また、第14回統一地方選挙と第11回統一地方選挙を比較すると、多くの区分で、第14回統一地方選挙の方が女性の割合が高く、⑧特別区長だけ、第11回統一地方選挙の方が女性の割合が高い。そしてまた、第17回統一地方選挙と第11回統一地方選挙を比較すると、全ての区分で、第17回統一地方選挙の方が女性の割合が高い（表Ⅱ⓫）。

そのため、長期的に見れば、今後も、候補者の中の女性の割合は高くなっていくと考えられる。

だから、目立つ候補者になりたいのであれば、女性は、早めに立候補した方が良いかもしれない、特に、若い女性は。

以上で述べたことからわかるように、候補者の中で、女性はレアキャラクターだし、若者もレアキャラクターだ。

今、20代の女性αが立候補するのと、40年後、60代になったαが立候補するのとでは、レア度が大きく異なる。前者は後者より、年齢に関しても、性別に関しても、レア度が高い。40年後、60代のαが立候補しても、多分、全く珍しくない。

以上をふまえ、一応、男性に関しても述べておくと、今、20代の男性βが立候補するのと、40年後、60代になったβが立候補するのとでは、レア度が異なる。前者は後者より、年齢に関するレア度が高く、性別に関するレア度が低い。40年後、候補者の中の男性の割合は、今より低くなっていると考えられる。もちろん、男性の候補者が目立ちやすくなるほど、その割合が低くなるとは思えない。すなわち、候補者の中の男性の割合が10.0％、20.0％、30.0％になるとは思えない。

（3）女性が輝く社会と地方選挙

ところで、近年、安倍晋三首相が、国会で20年以上前から使用されている「女性が輝く社会」という言葉[36]を繰り返し使用し、そういう社会の実現を目指すとしているが[37]、地方選挙において、自由民主党候補者の中の女性の割合は極めて低い。

2011年の第17回統一地方選挙の際、自由民主党候補者は、①県議、③指定市議、⑤市議、⑦特別区議、⑨町村議に存在した。

そして、先程から述べているように、その選挙の際、（全）候補者の中の女性の割合は、①県議10.0％、③指定市議17.6％、⑤市議14.7％、⑦特別区議24.2％、⑨町村議9.3％だ（表Ⅱ⓫）。

それに対し、その選挙の際、自由民主党候補者の中の女性の割合は、①県議2.4％、③指定市議6.6％、⑤市議4.0％、⑦特別区議10.6％、⑨町村議0.0％だ。自由民主党候補者の中の女性の割合は、（全）候補者の中の女性の割合より、明らかに低い。ちなみに、（全）候補者の中の女性の割合がその程度だったのは、昭和50、60年代の統一地方選挙だ。2011年（平成23年）になっても、候補者の中の女性の割合が昭和水準だったのが、自由民主党だ。(38)

そういう政党が長年政権の座にいた結果が、2015年になっても、女性が輝く社会の実現を目指している日本社会だ。ある意味、当然の結果ともいえる。

2015年の第18回統一地方選挙の際、自由民主党候補者の中の女性の割合がどうなるのか、とても興味深い。その割合は、平成水準になるのだろうか、それとも、昭和水準のままなのだろうか。平成になって初めての統一地方選挙である1991年（平成3年）の第12回統一地方選挙の際、（全）候補者の中の女性の割合は、①県議4.5％、③指定市議11.3％、⑤市議6.2％、⑦特別区議13.5％、⑨町村議2.3％だった。(39)第18回統一地方選挙の際、自由民主党候補者の中の女性の割合は、その程度になるのだろうか。

Ⅲ　当選人

1　統一地方選挙の当選人

次に、2011年の第17回統一地方選挙に注目して、地方選挙の当選人に関して述べる。述べるにあたっては、『Ⅱ 候補者』と同様、①県議、②知事、③指定市議、④指定市長、⑤市議、⑥市長、⑦特別区議、⑧特別区長、⑨町村議、⑩町村長に分けて述べる。

2　新人・現職・元職・全体の当選率

（1）3＋1バン

ここで、それに関して述べるにあたって、新人・現職・元職・全体の当選率の表を示す。それが表Ⅲ❶だ。(40)

表Ⅲ❶を見ると、現職の当選率の高さが際立っている。現職の当選率が高いのは、想像しやすかっただろう。

新人には、誰でもなれる（もちろん、選挙に立候補する必要があるので、お金・時間等のコストはかかるが）。

それに対し、現職・元職は、選挙で当選しないとなれない。そのため、現職・元職は、選挙で当選するための要素、すなわち、地盤（支持者の組織）とか、看板（知名度）とか、鞄（お金）とかをある程度もっている可能性が高い［選挙で有利になるための、いわゆる「3バン」がその3つだ。すなわち、地盤（ジバン）、看板（カンバン）、鞄（カバン）だ。地方選挙・国政選挙に、しばしばタレント候補が立候補する。タレント候補が選挙に強い主な理由は、看板をもっていることだ。タレント候補は、4つ目のバンをもっていたので、すなわち、テレビ番組（バングミ）に出演していたので、看板をもっている（便宜上「タレント」という言葉を使用しているが、以上で述べたことからわかるように、テレビ番組に出演し、看板をもっていれば良いので、アナウンサーでも良いし、スポーツ選手でも良い。ここでは、そういうものを含めて、「タレント」という言葉を使用している）。そして、選挙区内で通用する看板があれば十分なので、選挙の種類によっては、ローカルタレントで十分だ。例えば、選挙区内で通用する看板があるなら、他の都道府県の人が全く知らないような地方局のアナウンサーでも良い。報道系の番組の担当経験があれば、賢そうに見えるので、とても良いかもしれない。実際、ローカルタレ

表Ⅲ❶第17回統一地方選挙の新人・現職・元職・全体の当選率（単位は％。候補者が存在しなかった場合は「—」）

区分	新人	現職	元職	全体
①県議	42.0	86.2	53.4	67.3
②知事	10.0	100.0	—	30.8
③指定市議	42.0	87.5	39.3	67.9
④指定市長	16.7	100.0	—	33.3
⑤市議	64.8	91.3	69.3	82.4
⑥市長	24.2	82.1	25.0	43.3
⑦特別区議	44.7	89.6	53.6	70.7
⑧特別区長	2.9	100.0	—	28.3
⑨町村議	80.1	92.1	77.4	87.9
⑩町村長	36.5	86.3	50.0	60.2

ントが、地方首長選挙・衆議院議員小選挙区選挙・参議院議員選挙区選挙に立候補することが少なからずある。なお、タレント候補はしばしば参議院議員比例代表選挙で擁立されるが[41]、その選挙は全国的な知名度があった方が有利なので、ローカルタレントでは厳しい。ここでは、看板に注目して述べたが、それ以外のことも考慮に入れて、自分にあった選挙に立候補することが重要だ。当選しやすい選挙は、その人によって違う。全ての人にとって、地方選挙は国政選挙より当選が容易、というわけではないし、参議院議員選挙は衆議院議員選挙より当選が容易、というわけでもない。だから、ある選挙で落選した後に、その選挙が自分に適していないと思ったら、他の選挙に立候補するのも良いかもしれない。実際、そういうことをする人もいる。もっとも、そのことをネガティブキャンペーンの材料にされるおそれはあるので、適切な説明（言い訳？）を考えておく必要はある」。

ただ、元職は、何らかの理由で、現職ではない。その理由は色々考えられるが、地盤とか、看板とか、鞄とかを十分にはもっていないことを原因として（例えば、地盤はあるが、盤石な地盤ではないことを原因として）、落選してしまった、ということが考えられる。そのような元職の当選が容易ではないことは、想像しやすい。なお、人気がある地域政党の候補者として立候補し、風に乗って当選した人の中に、それらを十分にはもっていない人が少なからず存在するだろう[42]。

また、現職の場合、議員・長としての日々の活動が、次回の選挙での当選につながる。それには、事実上、選挙運動的効果がある。

なお、第15回・第16回統一地方選挙でも、現職の当選率の高さは際立っていた[43]。

そして、以上のことをふまえると、全体の当選率に基づいて、立候補するか否かを決定すべきではない、といえる。

全体の当選率は、現職の当選率によって、引き上げられている。

そのため、例えば、「第17回統一地方選挙の際、当選率が67.3％だったから、①県議に立候補する」という判断を初めて立候補する人がしてしまうと、痛い目にあう可能性が低くない。①県議に関しては、新人の当選率は42.0％しかなかった。その当選率は、現職の当選率（86.2％）の半分にもみたない（表Ⅲ❶）。

（2）多選とその制限

というように、現職の当選率は高いわけだが、それが特に高いものがある。

例えば、②知事に関しては、現職の当選率は100.0％だ（表Ⅲ❶）。②知事に関しては、第15回・第16回統一地方選挙でも、現職の当選率が100.0％だった。(44)

知事の活動は、毎日のように、ローカルニュースとして、場合によっては、全国ニュースとして、テレビ等のマスメディアで伝えられる。そのため、在職中に知事の知名度はどんどん上がっていくし、「しっかり活動している知事」というイメージを有権者がもつことになる（もちろん、問題を起こせば別だが）。そのことをふまえると、当選率がそうなるのを納得しやすいだろう。

ところで、②知事に関して、現職の当選率が極めて高いということは、多選(45)が生じやすいということだ（ちなみに、②知事の多選の過去最多は、石川県知事と奈良県知事の8選だ。なお、⑩町村長に関しては、13選という最多記録がある）。

多選には、経験を積めるなどのメリットもあるが、デメリットもある。例えば、多選を原因として、権力が過度に集中したり、議会とのなれ合いが生じたりするおそれがある。権力の過度の集中・議会とのなれ合いは、汚職等、知事の不祥事につながる。[46] そこで、知事の多選を制限すべきではないか、という議論がされることになる。もちろん、知事の多選制限にも、メリットとデメリットがある。[47]

わかりやすいそのデメリットをあげると、多選制限が適用された者を、選挙の際、国民は選べない、国民がどれだけ選びたくても選べない。

（3）世襲候補と地元秘書・国会秘書

そして、以上で述べたことをふまえると、新人でも、地盤・看板・鞄をもっているような新人は当選率が高い、ということがわかるだろう。

問題は、そのような新人が存在するのかということだが、存在する。

例えば、世襲候補は、国政レベルだけではなく、地方レベルにも存在するが、世襲候補はそういうものをもっている。

また、国会議員の地元秘書（地元事務所勤務の秘書）経験者が、その国会議員の地元から立候補することも考えられる。

将来、地方議員になりたくて、国会議員の秘書になる人は（将来、その国会議員の地元の地方議員になりたくて、国会議員の秘書になる人は）、国会秘書（国会事務所勤務の秘書）より、地元秘書になった方が良い。地元秘書は、国会議員が重要な目標を達成するための、すなわち、国会議員が再選するための生命線だ。[48] つまり、地元秘書の最大の使命は、国会議員を再選させることだ。地元秘書が、そのための活動をすることは、将来、自分が立候補するときに役立つ［もちろん、そのとき、親分（国会議員）が応援してくれるとは限らない……人生いろいろ、事務所もいろいろ、国会議員もいろいろだ。[49] ブラック事務所もあるようだ。冗談（？）はさておき、有名な国会議員を含め、色々連絡を受け付けている国会議員はいるので、興味がある人は、自分で判断して、連絡をしてみたら良いだろう］。

逆にいうと、新人の中には、そういう新人も混ざっているので、それ以外の新人の当選率は、相当低くなるだろう。

3　選挙権年齢・被選挙権年齢の引き下げ・18歳選挙権とノーベル平和賞

（1）18歳選挙権とマララ・ユサフザイ氏

なお、最近、選挙権年齢を「20歳以上」から「18歳以上」に引き下げるという選挙権年齢の引き下げが注目されている。

ただ、引き下げが可能なのは、選挙権年齢だけではない、被選挙権年齢もだ。

現在、被選挙権年齢は、都道府県議会議員・市区町村長・市区町村議会議員に関しては「25歳以上」、都道府県知事に関しては「30歳以上」だ（本書の性質上、衆議院議員・参議院議員の被選挙権年齢は検討対象外とする。衆議院議員・参議院議員に関しては、ここで述べること以外も考慮する必要がある）。

そして、被選挙権年齢に達していない者を、選挙の際、国民は選べない。

国民がどれだけ選びたくても選べない。

つまり、先程述べた知事の多選制限のデメリットと同様のデメリットが、被選挙権に関するそのような年齢制限によって生じている。

被選挙権の方が、選挙権より、厳しい年齢制限がされている理由を簡単にいうと、議員・長にふさわしい能力を担保することだ(50)。

ただ、能力は人によって様々なので、年齢が高い者ほど、議員・長にふさわしい能力が高い、というわけではない。

そのため、例えば、議員にふさわしい能力をもつ21歳のα、長にふさわしい能力をもつ23歳のβが存在する可能性がある。マララ・ユサフザイ氏(51)は、２０１３年のサハロフ賞受賞当時16歳、２０１４年のノーベル平和賞受賞当時17歳だった。そのことをふまえると、α・βが日本に存在しても、全く不思議ではないし、存在しなかったら少し残念だ。

そして、現在、α・βが存在しても、被選挙権に関するそのような年齢制限を原因として、αは議員になれないし、βは長になれない。被選挙権に関するそのような年齢制限は、若い優秀な議員・長の登場を妨げている。それは、住民の利益にも、地域の利益にもならない。

だから、被選挙権に関するそのような年齢制限は、改正すべきだ。

すなわち、被選挙権年齢を引き下げるべきだ。

（2）地方創生、やれば、できる。

なお、２０１４年９月29日、第187回国会衆議院本会議で、地方創生に関して、安倍首相は次の答弁をした。
「島のさざえカレーを年間二万食も売れる商品へと変えたのは、島にやってきた若者です。若者たちのアイデアが次々とヒット商品につながり、人口二千四百人ほどの島には、十年間で四百人を超える若者たちがＩターンでやってきています。『やれば、できる』。人口減少や超高齢化など、地方が直面する構造的な課題は深刻です。しかし、若者が、将来に夢や希望を抱き、その場所でチャレンジしたいと願う。そうした若者こそが、危機に歯どめをかける鍵であると私は確信しています。若者にとって魅力ある、まちづくり、人づくり、仕事づくりを進めます」（『』は筆者が付けた）[52]。

被選挙権年齢の引き下げは、その答弁内容の実現に資する。

例えば、被選挙権年齢を「20歳以上」に引き下げれば、20歳のγが、若者にとって魅力ある、まちづくり、人づくり、仕事づくりに、議員として、積極的に参加できるようになる。被選挙権年齢の引き下げは、若者に仕事をつくることになるし、チャレンジの場をつくることになる。

被選挙権年齢は法律で規定されているので、法改正によって、被選挙権年齢を引き下げることができる（公職選挙法10条1項参照）。

やれば、できる。

だから、早く、やって。

（3）直接民主制・代表民主制

ところで、民主主義は、国民による政治の実現を理想とする。その理想を実現するためには、国民が自ら統治を行う直接民主制[53]が望ましい。[54]ただ、近代国家の憲法は、代表民主制を基本としている。[55]日本国憲法も、代表民主制を基本としている「もちろん、憲法は、地方特別法の住民投票（憲法95条）、憲法改正国民投票（憲法96条1項）など、直接民主制の制度も規定している。ただ、あくまでも、それらは例外だ」。

では、なぜ、近代国家の憲法は、代表民主制を基本としているのだろうか。

2013年6月13日、第183回国会衆議院憲法審査会で、橘幸信衆議院法制局法制企画調整部長（当時）は、そのことに関して次の答弁をした。

「代表的な憲法の教科書の一つであります清宮四郎先生の教科書によりますと、次のように述べられております。直接民主制は、国民による統治の原則が最も高度に実現されるものであるが、しかし、団体が小さく、社会条件が単純な国家の場合は比較的実行しやすいが、団体が大きく、社会的分業が進化している近時の国家では実際にこれを行うことは難しいとした上で、さらに、そもそも、全ての国民がさまざまな国政問題を判断し、処理するだけの政治的素養と時間的余裕を持つわけではないから、直接民主制を高度に実現することは妥当でもないとして、結局、国民は、国政をみずから決することはできなくても、国政を担当するに適した人を選出することはできると述べられているわけであります。これが、恐らく最も標準的な現代国家における直接民主制の批判であるかと存じます」[56]。

要するに、国民の能力に注目すると、国民は、国政問題を適切に判断・処理できなくても、国政を担当するのにふさわしい人を選出できるから、代表民主制を基本としている、ということだ。いい方をかえると、国民は、①国政問題を判断・処理する能力をもっていなくても、②国政を担当する人を選ぶ能力はもっているので、代表民主制を基本としている、ということだ（①国政問題を判断・処理する能力をもっているということは、国政問題を適切に判断・処理できるということ。②国政を担当する人を選ぶ能力をもっているということは、国政を担当するのにふさわしい人を選出できるということ）。

国民の能力に関する以上の考え方に沿うと、被選挙権年齢を引き下げても、大きな問題は生じないはずだ、といえる。例えば、被選挙権年齢の引き下げ後、20歳のδが議員の選挙に立候補したとき、δが議員にふさわしい能力をもっていなければ、国民がδを落選させる、と期待できる。すなわち、議員にふさわしい能力をもっていないδを、被選挙権年齢によって排除しなくても（被選挙権に関する年齢制限によって排除しなくても）、国民が排除する、と期待できる。そのため、被選挙権年齢を引き下げたことを原因として、議員・長にふさわしい能力をもっていない若者が、多数、議員・長になり、地方政治に大きな悪影響を与える、という事態が生じるとは考えにくい（その考え方に沿ってもう少し具体的にいうと、次のとおりだ。20歳のεは、議員にふさわしい能力をもっている。20歳のζは、議員にふさわしい能力をもっていない。被選挙権年齢が「25歳以上」の場合、被選挙権年齢を原因として、ε・ζは議員になれない。それに対し、被選挙権年齢が「20歳以上」の場合、議員にふさわしい能力をもっているεは議員になれる。しかし、議員にふさわしい能力をもっていないζを国民は落選させるので、被選挙権年齢が「20歳以上」の場合でも、ζは議員になれない。被選挙権年齢が「20歳以上」の場合と「25歳以上」の場合の違いは、議員にふさわしい能力をもっているεが議員になれるか否かだ）。

選挙権を認めるのにふさわしい、社会的経験に基づく思慮・分別を期待できる年齢が、選挙権年齢になっていることをふまえると、[57] 尚更だ。

（４）被選挙権を認められる者の範囲の拡大

なお、被選挙権年齢を引き下げるということは、被選挙権を認められる者の範囲を拡大するということだ。

そして、日本では、２０１３年、被選挙権を認められる者の範囲が拡大した。すなわち、成年被後見人に被選挙権が認められた（なお、選挙権も成年被後見人に認められた。成年被後見人の選挙権・被選挙権を制限する制度は明らかに不合理だったので、当然、そうするべきだった[58]）。

選挙権年齢の引き下げばかり注目されているが、すなわち、選挙権を認められる者の範囲の拡大ばかり注目されているが、被選挙権を認められる者の範囲を拡大するというのは、突拍子もないことではない。

４　若者の投票率を上昇させる方法

ところで、近年、若者の投票率の低さが問題視されている。[59]

被選挙権に関するそのような年齢制限が改正され、今より、若い人が立候補できるようになれば、政治に関心をもつ若者が増加し、若者の投票率が上昇する可能性がある。

具体的にいうと、例えば、20歳の者が立候補できるようになれば、実際に、20歳のαが立候補する可能性があるし、それどころか、20歳のβが議員になる可能性がある。

そして、自分たちより高齢の候補者だけが戦っている選挙より、自分たちと同世代の候補者も戦っている選挙の方が、若者は関心をもちやすいだろう。自分たちより高齢の政治家だけが行っている政治より、自分たちと同世代の政治家も行っている政治の方が、若者は関心をもちやすいだろう。

20歳の者にとって、25歳・30歳の者は結構な大人だ、同世代とは思いにくい。

5　政党のブランド価値、候補者は商品

(1)　当選率・競争率

ここで、第15回・第16回統一地方選挙の新人・現職・元職・全体の当選率を示しておく。それが表Ⅲ❷、表Ⅲ❸だ。[60] 第15回・第16回・第17回統一地方選挙の当選率を見ることで、すなわち、表Ⅲ❶、表Ⅲ❷、表Ⅲ❸を見ることで、各選挙の当選率の傾向がわかる。

表Ⅲ❶、表Ⅲ❷、表Ⅲ❸を見ると、第15回・第16回・第17回統一地方選挙の当選率には類似点が多い、といえる。

そして、議員の選挙と長の選挙を比較すると、議員の選挙の方が全体の当選率が高い。

議員の選挙の全体の当選率は、第15回・第16回・第17回統一地方選挙の際、それぞれ、①県議68.3％、67.4％、67.3％、③指定市議71.7％、71.3％、67.9％、⑤市議85.0％、80.6％、82.4％、⑦特別区議76.0％、75.8％、70.7％、⑨町村議90.9％、86.0％、87.9％だ。

その当選率を見ると、議員の選挙の全体の当選率は高いといえる。示した中で最も当選率が低い第17回統一地方選挙の①県議でも、全体の当選率は67.3％もあり、だいたい3人に2人が当選した。（候補者本人・

表Ⅲ❷第15回統一地方選挙の新人・現職・元職・全体の当選率（単位は％。候補者が存在しなかった場合は「—」）

区分	新人	現職	元職	全体
①県議	41.0	88.1	61.7	68.3
②知事	14.6	100.0	—	23.9
③指定市議	41.4	89.9	66.7	71.7
④指定市長	0.0	—	—	0.0
⑤市議	68.5	92.8	70.0	85.0
⑥市長	23.7	84.1	0.0	40.7
⑦特別区議	53.1	89.5	64.3	76.0
⑧特別区長	11.4	100.0	—	31.1
⑨町村議	83.4	93.9	81.0	90.9
⑩町村長	32.9	89.7	66.7	61.6

表Ⅲ❸第16回統一地方選挙の新人・現職・元職・全体の当選率（単位は％。候補者が存在しなかった場合は「—」）

区分	新人	現職	元職	全体
①県議	42.0	85.5	57.4	67.4
②知事	11.4	100.0	—	29.5
③指定市議	44.3	87.4	48.1	71.3
④指定市長	20.0	66.7	—	37.5
⑤市議	65.6	87.1	66.3	80.6
⑥市長	24.5	86.4	22.2	42.8
⑦特別区議	50.9	90.9	66.7	75.8
⑧特別区長	13.8	100.0	—	34.2
⑨町村議	80.2	88.4	73.4	86.0
⑩町村長	39.6	83.8	66.7	57.4

その支援者がどう思っているかは知らないが）候補者の中には、当選の見込みがほぼない候補者、いわゆる泡沫候補もいることをふまえると、実質的な当選率はかなり高いといえる、すなわち、実質的な競争率はかなり低いといいえる。

（2）毀損されるブランド価値

最近、お騒がせ議員（地方議会議員）がマスメディアで注目されることが少なくないが、[61]そういう議員が誕生してしまう原因の1つが、そのような高い当選率（低い競争率）なのかもしれない。

そして、残念ながら、そういう議員は、政党所属議員の中にもいる。

国政選挙に関してはもちろんだが、地方選挙に関しても、政党は候補者選抜をきちんと実施し、良い人材に公認を与えるべきだ。[62]それが、国民・住民のためにもなるし、自分のためにもなる。

良くない人材に公認を与え、問題が生じてしまうと、政党のブランド価値が低下してしまう。それは、政党にとって、大きな問題だ。

例えば、政党Ａのブランド価値が低下すると、「政党Ａの候補者ならきっと大丈夫。だから、政党Ａの候補者に投票しておこう」と有権者に思ってもらうのが困難になる。一般に、欠陥商品を販売したブランドの商品を、消費者が購入したいと思わないのと同じだ。有権者は、しばしば、情報の収集・処理コストの低い方略（ヒューリスティック）を用いて投票の意思決定を行う。すなわち、有権者は、一定の妥当性が担保されるのであれば、限定的ではあってもできるだけコストのかからない情報に基づいた意思決定をしがちだ。そうしたヒューリスティックの最たるものが、政党というブランドによって投票先を決定することだ。(63) 一般に、有権者は、投票の意思決定のために、長々と時間をかけていられるほど、暇ではない。ただ、議員（地方議会議員）の選挙の高い当選率をふまえると、国民にとって、議員（地方議会議員）という職業は魅力的ではないのかもしれない。そのため、政党が良い人材に公認を与えたくても、困難なのかもしれない。魅力的ではない職業に、良い人材は集まりにくい。(64) ブラック企業（といわれる企業）に、良い人材が集まらない、それどころか、バイトすら集まらないという最近の報道をふまえると、それはわかりやすいだろう。

（3）候補者は商品

ところで、所属政党の評判が悪化した場合に、所属政党を隠す候補者が存在する。それは、政党というブランドを隠すことを意味するわけだが、以上で述べたことをふまえて、それが合理的なのか、よく考えた方が良い。

例えば、①政党というブランドを利用せずに、自分が選挙を戦える人材なのか、②自分が、政党にかかわるブランドを持っているのか、③有権者に無所属候補と認識された場合、どの程度の有権者が、自分の情報を収集するためにコストをかけるのか、④このインターネット社会で、所属政党を隠し通せるのか、⑤有権者が所属政党隠しを知った場合、どう思うのか、ということを考えた方が良い（⑤に関して補足すると、所属政党隠しを理由に、インターネット上でネガティブキャンペーンをされた国政選挙の候補者がいた。その候補者は落選した。おまけに、それをマスメディアで報道されてしまった。最悪の負け方だ。もちろん、所属政党隠しをしたら100.0％落選するといっているわけではないし、それを理由にネガティブキャンペーンをされたら100.0％落選するといっているわけでもない。筆者が認識しているその事例では、そうなった、ということだ)。

「溺れる者は藁をも掴む」という言葉があるが、藁を掴んでも助からない、溺れて死ぬ。所属政党隠しという選挙戦略が藁ではないか、よく考えた方が良い。溺れたときに掴むべきは、藁ではなく、浮き輪だ。

なお、選挙の際、候補者は商品だ。すなわち、有権者(消費者)は、(広い意味で、)候補者(商品)を気に入ったとき、票(お金)を出す。

店に、A社の商品α、B社の商品β、C社の商品γが並んでいる場合(会社=政党、商品=候補者)。評判の悪い会社がC社のとき、γは売れにくいだろう。一般に、消費者は、αあるいはβを購入するだろう。

そのとき、γのパッケージからC社の社名を除去したら、γは売れるだろうか。

特別な事情がない限り、そんなことだけをしても、売れないだろう。消費者は、わざわざ、ノーブランドの商品を選ぶ必要がない。

(4) フリーライド

なお、無関係な政党のブランドを利用して、当選しようとする候補者がいる。

具体的にいうと、近年、大阪維新の会が、大阪で高い人気を集めていたのはもちろんだが、日本中で注目され、期待されていた。それに伴い、大阪維新の会とは無関係であるにもかかわらず、「~維新の会」という名称を使用し、大阪維新の会のブランドを利用しようとする候補者・グループが、日本中で多数生じた。[65] 偽物維新の会を大阪維新の会と誤認して、あるいは、偽物維新の会を大阪維新の会と協力関係にあるグループと誤認して、偽物維新の会の候補者に投票してしまう有権者が出るおそれがあったので、それは重大な問題だった（大阪維新の会は、地域政党だ）。

そして、残念ながら、今後も、そういうことが行われる可能性はある。

人気のある政党が出現した場合、有権者は、その偽物に注意する必要がある。

人気のある政党は、有権者のためにも、自分のためにも、できる限り、ブランドをフリーライドから守るべきだ。

もちろん、候補者は、無関係な政党のブランドにフリーライドすべきではない、そういう中国のパクリブランド業者のようなことをすべきではない。有権者にも、その無関係な政党にも、迷惑だ。不正競争防止法を思い起こせば、それを納得しやすいだろう。しかも、バレたら、インターネット上などで話題になってしまうおそれがある。そうなったら、恥ずかしいだろう（恥ずかしいと思う心があれば、そういうことはしないのかもしれないが。つまり、恥知らずだから、そういうことをできるのかもしれないが）。

6　党派別当選率・当選人数

（1）大きく違う当選率・当選人数

次に、党派別当選率・当選人数に関して述べる。

ここで、それに関して述べるにあたって、自由民主党・公明党・民主党・みんなの党・日本共産党・社

表Ⅲ❹第 17 回統一地方選挙の党派別当選率（単位は %。候補者が存在しなかった場合は「—」。そのため、「0.0」は、候補者はいたが当選人はいなかった、ということを意味する）

区分	自民党	公明党	民主党	みんな	共産党	社民党	無所属	全体
①県議	90.0	99.4	60.6	39.8	35.6	66.7	47.3	67.3
②知事	—	—	—	—	0.0	—	40.0	30.8
③指定市議	91.7	99.4	62.0	62.5	60.7	43.8	50.6	67.9
④指定市長	—	—	—	—	0.0	—	41.7	33.3
⑤市議	93.5	100.0	79.9	80.6	82.8	80.2	78.8	82.4
⑥市長	—	—	—	—	0.0	—	44.6	43.3
⑦特別区議	86.0	100.0	49.2	70.8	90.3	52.6	38.1	70.7
⑧特別区長	—	—	—	—	—	—	28.9	28.3
⑨町村議	90.9	100.0	84.4	85.7	85.2	100.0	87.6	87.9
⑩町村長	—	—	—	—	—	—	60.2	60.2

表Ⅲ❺第 17 回統一地方選挙の党派別当選人数（単位は人。候補者が存在しなかった場合は「—」。そのため、「0」は、候補者はいたが当選人はいなかった、ということを意味する）

区分	自民党	公明党	民主党	みんな	共産党	社民党	無所属
①県議	1119	171	346	41	80	30	442
②知事	—	—	—	—	0	—	12
③指定市議	222	157	147	40	99	7	178
④指定市長	—	—	—	—	0	—	5
⑤市議	514	915	389	87	627	85	4382
⑥市長	—	—	—	—	0	—	87
⑦特別区議	259	169	87	51	121	10	88
⑧特別区長	—	—	—	—	—	—	13
⑨町村議	20	178	27	6	282	7	3893
⑩町村長	—	—	—	—	—	—	121

会民主党・無所属に関する党派別当選率・当選人数の表を示す。表Ⅲ❹が党派別当選率の表、[66]表Ⅲ❺が党派別当選人数の表だ。[67]

表Ⅲ❹、表Ⅲ❺を見るとわかるように、当選率・当選人数は党派によって大きく違う。

それは想像しやすかっただろう。

国政選挙においても、当選率・当選人数は党派によって大きく違う。

(2) 際立つ当選率の高さとその理由

そして、まず、議員の選挙に関して、公明党の当選率の高さが際立っている。

公明党の当選率は、①県議99.4％、③指定市議99.4％、⑤市議100.0％、⑦特別区議100.0％、⑨町村議100.0％だ（表Ⅲ❹）。なお、公明党の当選率の高さは、第15回・第16回統一地方選挙でも際立っていた。特に、第15回統一地方選挙では、公明党の当選率は100.0％だった。[68]

しかも、公明党の当選人数は、決して少なくない（表Ⅲ❺）。

公明党のそのような当選率・当選人数の背景には、議員の選挙で、小政党が生き残りやすい選挙制度が採用されていることがある。ただ、それだけで、その当選率・当選人数が実現しているわけではない。例えば、公明党の選挙戦略、低い投票率、公明党の強固な支持基盤が、その当選率・当選人数の理由になっている。以下、それらに関して補足する。

まず、公明党の選挙戦略に関して。

表Ⅲ❹、表Ⅲ❺を見るとわかるだろうが、例えば、①県議に関して、公明党の候補者数は、自由民主党の候補者数より、はるかに少なかった。具体的にいうと、①県議の候補者数は、自由民主党1244人、公明党172人だった。[69] 公明党が、候補者数を自由民主党と同じ1244人にしていたら、99.4%という高い当選率はたたき出せず、当選率は低下していたはずだ。1244人の候補者をほぼ100.0%当選させるほどの力を、公明党はもっていない（もちろん、そもそも、どの政党もそんな力をもっていない）。その候補者数（172人）だから、その当選率（99.4%）が実現した。

そして、そのことからわかるように、当選率が高い政党ほど選挙に強い、ということではないし、当選率が低い政党ほど選挙に弱い、ということでもない。（ほぼ）確実に当選する候補者だけを擁立するか、そうではない候補者も擁立するかは、その政党の選挙戦略だ。その選挙戦略は、その選挙だけではなく、国政選挙を含めたその後の選挙も考慮に入れたものだ（例えば、議員の選挙のある選挙区に、政党αの極めて選挙に強い現職がいる。だから、政党βが、その選挙区に候補者を擁立しても、その候補者は、ほぼ確実に落選する候補者になってしまう。それを理由に、政党βがその選挙区に候補者を擁立しないと、その選挙区における政党αと政党βの力の差はどんどん開いていくし、国政選挙においても、その選挙区の地域で、政党βは票を獲得するのが困難になっていく。そこで、そのようなことを避けるため、政党βは、その選挙区に、落選覚悟で候補者を擁立する、ということが考えられる）。

ところで、最近2014年12月、第47回衆議院議員総選挙が実施されたが、衆議院議員総選挙の際、小選挙区に、ほとんど当選する可能性がない候補者を擁立する小政党がある。政党が小選挙区に候補者を擁立すると、その小選挙区で、比例代表選挙におけるその政党の獲得票数が多くなる傾向がある。[70] そこで、そのようなことをする小政党が生じる。そして、獲得票数の増加は、獲得議席の増加につながる。[71] いい方をかえると、そのようなことをしている小政党は、比例代表選挙における獲得票数・獲得議席を増加させるために、勝ち目のない小選挙区に候補者（捨て駒）を擁立しているということだ。野党の票を割るために、すなわち、実質的に与党を有利にするために、そのようなことをしているわけではないし、楽しむために、あるいは、散財するために、そのようなことをしているわけでもない。地方選挙・国政選挙を問わず、ある政党から公認を得るときは、その公認の意味を考えた方が良い。

当然のことだが、「政党が捨て駒を擁立するのは問題だ」「政党の捨て駒になるのは問題だ」といっているわけではないし、いうつもりもない。将棋における捨て駒・チェスにおけるサクリファイスと同様、それが必要な場合もあるし、それも重要な役割だ。政治上の主義・主張の実現という政党の目的を達成するためには、尊い犠牲も必要だ。問題なのは、捨て駒を擁立する能力がありながら、擁立せず、漫然と空白区を作ってしまい、獲得議席・獲得票数の増加の機会を損なってしまう政党だ。選挙区に支持政党の候補者がいなくて、がっかりしたことがある人・呆れてしまったことがある人もいるだろう。その政党が、政党職員でも擁立しておけば、そういう人がでることはなかった。(72)

次に、低い投票率、公明党の強固な支持基盤に関して。

公明党は、創価学会という強固な支持基盤をもっており、組織票を得られる。(73)その組織票は、安定しているという意味で、良質な組織票だ(74)（第47回衆議院議員総選挙の際も、その組織票が、自由民主党・公明党の選挙協力において、大きな意味をもった。創価学会の集票力は、衆議院議員選挙の1小選挙区あたり平均2万票だ。(75)つまり、その票がなければ、自由民主党の候補者が多数落選することになる。仮に、その票が、民主党の候補者にいってしまったら、とんでもないことになる。自らの生殺与奪の権利をもっている公明党・創価学会に、足を向けて寝られない自由民主党の議員は、多数いるだろう。それは、公明党が、自由民主党に対し、政治的影響力をもつことを意味する。独自候補を擁立しても、2万票では当選は困難なので、公明党は自由民主党と選挙協力をすることによって、その票を生かし、政治的影響力を手にしている。また、小選挙区選挙において、公明党側から自由民主党側に票を提供するかわりに、比例代表選挙において、自由民主党側から公明党側に票を提供する、ということもある。(76) 以上のことをふまえると、仮に、自由民主党が衆議院・参議院で単独過半数の議席を獲得しても、それだけでは、公明党を切り捨てることができない、ということがわかるだろう。そんなことをしたら、その後の選挙で、自由民主党はかなり困ることになる(77)。

そして、選挙の度に報道されることだが(78)、投票率が低いほど、安定した組織票を得られる政党が、選挙で有利になる［投票率・組織票に関して、簡単にいうと、次のとおりだ。有権者100人の小選挙区で、政党Aへの組織票が20票あるとき、すなわち、確実に政党Aに投票する人（組織された有権者）が20人いるとき。投票率が70.0％の場合、投じられた70票のうち28.6％にあたる20票が、政党Aへの組織票ということになる。また、投票率が30.0％の場合、投じられた30票のうち66.7％にあたる20票が、政党Aへの組織票ということになる、要するに、組織票だけで、政党Aの候補者の当選は確実になる。というように、投票率が低いほど、安定した組織票を得られる政党が、選挙で有利になる。利益団体に注目していうと、利益団体は、政党・候補者に安定した組織票を提供することによって、政党・政治家に対して政治的影響力を行使する。(79) 組織力の低下は、政治的影響力の低下を意味するので、利益団体は、組織力の維持に懸命になる。なお、近年、無党派層（組織されない有権者）が増加している。世論調査で、無党派層の割合が60.0％を超えることもある。(80) そのため、選挙で勝利するためには、無党派層から票を獲得することが重要になっている。ただ、無党派層は、短期的な要因で投票先を変更してしまうし、確実に投票に行くわけでもないので、無党派層からの票だけを当てにした選挙戦を展開すると、不安定な状態になる[81]。そこで、政党・候補者は、組織票を当てにすることになる。一般に、国民が安定した収入を望むのと同様、政党・候補者は安定した票の獲得を望む」。

では、議員の選挙の投票率は、高いのだろうか、低いのだろうか。

議員の選挙の投票率は、⑨町村議以外は低い。具体的にいうと、第17回統一地方選挙の際、投票率は、①県議48・15％、③指定市議47・59％、⑤市議50・82％、⑦特別区議43・23％だ[82]。最近、第47回衆議院議員総選挙の低投票率が注目されたが、その投票率は52・66％であり、それらの選挙の投票率より高い。投票率の低下は、それらの選挙の方が進んでいる。

（3）投票率の傾向と組織内候補・組織内議員

なお、投票率は、議員の選挙だけではなく、長の選挙でも、低下している。

ここで、第17回統一地方選挙（2011年）・第16回統一地方選挙（2007年）・第15回統一地方選挙（2003年）・第14回統一地方選挙（1999年）・第11回統一地方選挙（1987年）に関して、投票率の表を示す。それが表Ⅲ❻だ[84]。

統一地方選挙の投票率は、低下傾向にある[83]。

表Ⅲ❻を見ると、議員の選挙でも、長の選挙でも、投票率が低下傾向にあることが、よくわかるだろう。

ここでは具体的には示さないが、昔はもっと投票率が高く、例えば、①県議、②知事の投票率が80.0％を

超えていたこともあったし、⑨町村議、⑩町村長の投票率が95.0％を超えていたこともあった。(85)

表Ⅲ❻投票率（単位は％）

区分	第17回	第16回	第15回	第14回	第11回
①県議	48.15	52.25	52.48	56.70	66.66
②知事	52.77	54.85	52.63	56.78	59.78
③指定市議	47.59	48.92	47.70	50.69	58.32
④指定市長	53.95	60.87	57.32	59.58	66.91
⑤市議	50.82	57.44	56.74	60.76	70.31
⑥市長	52.97	53.50	57.00	60.88	70.32
⑦特別区議	43.23	44.51	43.23	47.36	50.94
⑧特別区長	44.51	45.31	43.55	47.53	50.75
⑨町村議	66.57	71.49	77.76	82.05	90.26
⑩町村長	70.56	74.00	77.52	82.64	89.73

統一地方選挙の際とそれ以外で、投票率の傾向が大きく異なる事情はないので、投票率の関係でいうと、安定した組織票を得られる政党・候補者が、地方選挙で有利になってきているといえる。

現在、それが上昇傾向になる事情は特にないので、今後、事情変更がない限り、ますます、そうなっていくだろう。

新興宗教を立ち上げるべきとはいわないが、地方選挙に立候補する人は、当選したいのであれば、利益団体なり、個人後援会なり、安定した組織票を提供してくれる組織された有権者(86)の獲得を、今まで以上に重視すべきだ。組織内候補になるというのも、1つの選択肢だ（利益団体が、その構成員を立候補させることがある。そのような候補者を組織内候補という。組織内候補は、国政選挙では参議院議員比例代表選挙で目立つが、地方選挙においても多数存在する。インターネット上では、組織内候補を紹介するものを、多数見ることができる。当然、組織内候補は、その組織の意向に沿って活動することになる。代わりはいくらでもいるのだから、組織の意向に沿わない者を組織内候補にする必要がない。(87)そして、組織内候補は、当選後、組織内議員になる。インターネット上では、組織内議員を紹介するものも、多数見ることができる。組織内議員も、当然、その組織の意向に沿って活動する。先程、利益団体に関して述べた、それをふまえると、ここで述べたことを納得しやすいだろう)。

いる。

(4) 無所属での当選

また、表Ⅲ❹、表Ⅲ❺を見るとわかるように、無所属でも、当選できるし、実際当選している人が多数いる。

そして、無所属の当選率と全体の当選率を比較すると、議員の選挙では全体の当選率の方が高い傾向があり、長の選挙では無所属の当選率の方が高い傾向がある（表Ⅲ❹）。同様の傾向は、第15回・第16回統一地方選挙でも見られる。(88)

議員の選挙において、全体の当選率の方が高い傾向があるのは、先程述べた、政党というブランドによる投票先の決定が、影響していると考えられる。

また、長の選挙において、無所属の当選率の方が高い傾向があるのは、先程述べた、長の選挙における政党の相乗り・共闘が、影響していると考えられる。なお、ある候補者の下で、政党が相乗り・共闘する場合、その候補者を支援している政党がどこかということ等は、マスメディアで報道される。(89)そのため、その場合、その候補者はノーブランドになるわけではない。

Ⅳ　有権者

1　日本人人口・投票率・インターネット利用率

次に、有権者に関して述べる。

そして、述べるにあたっては、日本人人口、投票率、インターネット利用率に注目する。

2　世代別日本人人口とシルバー民主主義

（1）世代別日本人人口と少子化問題・18歳選挙権

まず、日本人人口に注目して述べる。

述べるにあたって、2014年3月1日現在日本人人口（確定値）の表を示す。それが表Ⅳ❶だ。(90)

表Ⅳ❶を見ると、日本の少子化問題がよくわかる。

表Ⅳ❶に基づいて、日本人人口が多い順に30～39歳以下の各世代を並べると、①30～39歳、②20～29歳、③10～19歳、④0～9歳だ。若い世代ほど人口が少ない。しかも、ぱっと見てすぐにわかるほど少ない

表Ⅳ❶ 2014年3月1日現在日本人人口（確定値）

区分	日本人人口（千人）	日本人人口に占める割合（%）	男性の日本人人口（千人）	女性の日本人人口（千人）
0～4歳	5173	4.1	2651	2522
5～9歳	5298	4.2	2711	2587
10～14歳	5719	4.6	2930	2789
15～19歳	5971	4.8	3059	2912
20～24歳	5980	4.8	3070	2910
25～29歳	6595	5.3	3369	3226
30～34歳	7366	5.9	3747	3618
35～39歳	8745	7.0	4446	4299
40～44歳	9562	7.6	4854	4708
45～49歳	8365	6.7	4220	4145
50～54歳	7617	6.1	3823	3794
55～59歳	7617	6.1	3787	3830
60～64歳	9309	7.4	4567	4742
65～69歳	8818	7.0	4246	4572
70～74歳	7721	6.1	3595	4126
75～79歳	6263	5.0	2760	3503
80～84歳	4793	3.8	1908	2885
85～89歳	2982	2.4	997	1986
90～94歳	1264	1.0	299	964
95～99歳	350	0.3	63	287
100歳以上	59	0.0	8	51
合　計	125564	100.0	61109	64455

（なお、選挙権年齢が「18歳以上」に引き下げられた場合、新たに、18歳、19歳に選挙権が認められることになる。そして、そうなった場合、18歳、19歳の有権者が、特に18歳の有権者が、マスメディアでとても注目されるだろう。ただ、表Ⅳ❶を見るとわかるように、その人口はとても少ない。何が言いたいかというと、マスメディアに影響されて、18歳、19歳を選挙運動の主要なターゲットにすると、痛い目にあう可能性が低くない、ということだ）。

そんな状況だから、某大手予備校が多くの校舎を閉鎖するはめになるし、経営の厳しい大学が多数生じることになる。

また、表Ⅳ❶を見ると、高齢者の多さもよくわかる。

表Ⅳ❶に基づくと、日本人人口の33.1％が60歳以上、25.7％が65歳以上だ。

（2）20歳以上の日本人人口

さて、先程述べたように、選挙権年齢は20歳以上だから、本書で注目すべきは、20歳以上の日本人人口だ。そして、20歳以上の日本人人口に限った観点からは、日本人人口が多い世代ほど、選挙運動の主要なターゲットにすべき世代といえる。

そこで、表Ⅳ❶に基づいて、20歳以上の日本人人口の表を示す。それが表Ⅳ❷だ。

なお、20歳以上の日本人人口＝有権者数ではない。例えば、20歳以上の日本人でも、禁錮以上の刑に処せられその執行を終わるまでの者として選挙権を制限されることがある。そのため、「20歳以上の日本人人口ではなく、有権者数に注目すべきでは？」という疑問が生じる可能性がある。しかし、国外居住者を含めた世代別の正確な有権者数分布を示す最近の資料はない。そこで、本書では、20歳以上の日本人人口に

表Ⅳ❷ 20歳以上の日本人人口

区分	日本人人口（千人）	20歳以上の日本人人口に占める割合（%）	男性の日本人人口（千人）	女性の日本人人口（千人）
20～24歳	5980	5.8	3070	2910
25～29歳	6595	6.4	3369	3226
30～34歳	7366	7.1	3747	3618
35～39歳	8745	8.5	4446	4299
40～44歳	9562	9.2	4854	4708
45～49歳	8365	8.1	4220	4145
50～54歳	7617	7.4	3823	3794
55～59歳	7617	7.4	3787	3830
60～64歳	9309	9.0	4567	4742
65～69歳	8818	8.5	4246	4572
70～74歳	7721	7.5	3595	4126
75～79歳	6263	6.1	2760	3503
80～84歳	4793	4.6	1908	2885
85～89歳	2982	2.9	997	1986
90～94歳	1264	1.2	299	964
95～99歳	350	0.3	63	287
100歳以上	59	0.1	8	51
合計	103406	100.0	49759	53646

注目する。世代別日本人人口は、有権者が各世代でどのように分布しているかを知るための参考になる。各世代の日本人人口は、各世代の有権者数の参考値だ。

表Ⅳ❷に基づいて、20歳以上の日本人人口に占める割合が高い順に、各世代を並べると、①60～69歳（17.5%）、②40～49歳（17.3%）、③30～39歳（15.6%）、④50～59歳（14.7%）、⑤70～79歳（13.5%）、⑥20～29歳（12.2%）、⑦80～89歳（7.5%）、⑧90～99歳（1.6%）、⑨100歳以上（0.1%）だ。

60～69歳の日本人人口はとても多い。

また、20歳以上の日本人人口に占める60歳以上の割合は40.2%、

65歳以上に限っても31.2％だ。

政策に高齢者向けのバイアスがかかるシルバー民主主義という現象が注目される背景には、以上のようなことがある。[91]

（3）男女の日本人人口の差

また、表Ⅳ❶を見ると、日本人人口は女性の方が男性より多い、ということがよくわかるだろう。日本人人口は、女性が男性の1.05倍だ。

20歳以上の日本人人口に限っても、女性の方が男性より多い。20歳以上の日本人人口は、女性が男性の1.08倍だ（表Ⅳ❷）。

ただ、全ての世代で、女性の方が男性より多い、というわけではない。

男性の方が多い世代もある。

男性の方が多い世代は、50～54歳以下の各世代（表Ⅳ❶）。

女性の方が多い世代は、55～59歳以上の各世代（表Ⅳ❶）。

20歳以上に限っていうと、20～24歳以上50～54歳以下の各世代は男性の方が多く、55～59歳以上の各世代は女性の方が多い、ということだ（表Ⅳ❷）。

そして、20歳以上の日本人人口は、女性が男性の1.08倍、ということからは、選挙の際、女性から票を獲得することが重要、といえる。

選挙の際、女性に嫌がられる政策を主張するのは、特に、やめた方が良い。

例えば、最近注目されていることでいうと、集団的自衛権行使容認・原発再稼働に関しては、国民の中で否定的な意見の方が肯定的な意見より多いが、特に、女性の中に否定的な意見が多い(92)。

(4) 議員に対して望むことと集団的自衛権行使容認の争点化

ちなみに、集団的自衛権行使容認に関しては、地方から反対の声を上げようと、2015年の第18回統一地方選挙で争点化する動きがある。自由民主党の中には理論武装を始めた県連もあるが、公明党は議論の再燃を警戒しており、両党の足並みはそろっていない(93)。

両党の足並みを乱すという目的も、その争点化にはあるのかもしれない。

ただ、ある候補者が、集団的自衛権行使容認を争点化しようとして、そればかり主張していると、有権者に次のように思われてしまうかもしれない。「集団的自衛権にそんなに関心があるなら、国政選挙に立候補すれば良いのに。何か勘違いしているんじゃないの?『国政選挙には当選できないけど、地方選挙なら当選の見込みがある』と思って、地方選挙に立候補しているのかな? 日本の安全保障だけではなく、自分の身分の安全保障にも、強い関心をもっているようですね?」「地方政治家には、地域の発展について考えてほしい。集団的自衛権等、防衛については、国会議員に考えてほしい。地域の発展より、集団的自衛権に関心がある人は、地方政治家にふさわしくない」(有権者にそのように思わせるためのネガティブキャンペーンを、対立候補がする可能性もある)。

そんなことを思われてしまうと、当然、落選のリスクが高くなる。

なお、第17回統一地方選挙の際、明るい選挙推進協会は、意識調査を実施した。

その調査の中に、議員に対してどのような役割を望むかを、尋ねるものがあった。そして、7つの選択肢から1つだけを選んでもらった結果が、次のとおりだ。

都道府県議会議員に関しては、①「地域の発展を考える」41.1％、②「県（都道府）全体の将来を考える」31.7％、③「地域の面倒をこまめにみる」17.5％、④「特に期待するものはない」4.0％、⑤「対立する意見や利害を調整する」2.3％、⑥「その他＋わからない」2.1％、⑦「支援団体（地域や団体など）の利益を考える」1.3％だ。

市区町村議会議員に関しては、①「地域の発展を考える」34.5％、②「市（区町村）全体の将来を考える」32.2％、③「地域の面倒をこまめにみる」25.2％、④「特に期待するものはない」3.5％、⑤「その他＋わからない」1.9％、⑥「対立する意見や利害を調整する」1.6％、⑦「支援団体（地域や団体など）の利益を考える」1.1％だ。(94)

議員は国民の代理人なのだから、(95) その役割を勘違いしてはならないし、勘違いしている人を、国民は代理人（議員）にしたくないだろう。集団的自衛権行使容認の争点化に限らず。

そして、議員に対してそのような役割が望まれていることをふまえると、例えば、議員の選挙の候補者は、自らが「地域の発展を考える」候補者であることをアピールすべきだ。また、議員は、自らが「地域の発展を考える」議員、地域の発展を考えて活動している議員だと、アピールすべきだ。それが、再選につながる。

(5) 世論の地域差と原発再稼働

また、原発再稼働に関しては、興味深い世論調査の結果がある。

NHKは、2014年10月31日~11月3日、川内原発の再稼働について、世論調査を実施した。その結果は、以下のとおりだ。

川内原発が位置する薩摩川内市では、川内原発の再稼働に、「賛成」「どちらかといえば賛成」49%、「反対」「どちらかといえば反対」44%。

川内原発から30㎞圏の地域（周辺地域）では、「賛成」「どちらかといえば賛成」34%、「反対」「どちらかといえば反対」58%。

福岡市では、川内原発の再稼働に、「賛成」「どちらかといえば賛成」37%、「反対」「どちらかといえば反対」52%。

全国では、川内原発の再稼働に、「賛成」「どちらかといえば賛成」32%、「反対」「どちらかといえば反対」57%。

賛成の理由は、薩摩川内市では「地域の経済の活性化」が最も多く、その他の地域では「電力の安定供給」が最も多かった。また、反対の理由は、どの地域でも「原発の安全性への不安」が最も多かった。(96)

川内原発が位置する薩摩川内市では、特徴的な結果が示されている。

その特徴的な結果とは、①川内原発の再稼働に関して、「賛成」「どちらかといえば賛成」の割合が、「反対」「どちらかといえば反対」の割合より高く、また、②賛成の理由で最も多かったのが「地域の経済の活性化」だった、ということだ。

結果②をふまえると、同様のことは、原発が位置する他の市町村でも起こり得る。原発が位置する市町村に、地域の経済の活性化を望む人は多数いる。もちろん、そのような人が多数いるのは、原発が位置する市町村に限ったことではない。

また、結果②をふまえると、原発が位置する市町村の選挙で、原発再稼働に反対する場合、原発再稼働をしなくても、地域の経済の活性化ができる、ということを示すのが重要といえる。原発の危険性を訴えるだけでは不十分だ。原発再稼働に肯定的な人を含め、多くの人は、そんなことをいわれなくても、原発に危険性があることは、すでにわかっている。福島県で原発事故が起こり、しかも、原子力政策を所管する経済産業省の大臣[97]（経済産業大臣）が原発の100.0％の安全性を否定している中、[98]原発が100.0％安全だといまだに信じている人はあまりいないだろう（なお、それをいまだに信じている人に、選挙の際、原発の危険性を訴えても無駄だろう。そう簡単に考え方を変えるとは思えない）。原発再稼働に肯定的な人の中には、その危険性をわかっているが、地域の経済の活性化のために肯定的な意見をもっている、という人が多いだろう。より小さいリスクで、あるいは、ノーリスクで、地域の経済の活性化ができるのであれば、普通は、そちらの方が良い。

同様の結果が得られるなら、わざわざ、よりハイリスクな手術を選択する人はいないだろう、それと同じだ。

(6) 日本・各選挙区の世代別日本人人口

なお、以上では、便宜上、日本の世代別日本人人口に注目して述べてきた。

ただ、地方選挙・国政選挙を問わず、選挙の際、重要なのは、各選挙区の世代別日本人人口だ（「だったら、日本の世代別日本人人口の話なんかするなよ……」と思った人もいるかもしれないが、参考・目安にはなるだろう。なるはずだ。何事もプラス思考が重要だ、もちろん、選挙の際も。なお、もちろん、参議院議員比例代表選挙は、全国にわたって実施される）。

例えば、東京都知事選挙で戦う場合、重要なのは、東京都の世代別日本人人口であり、日本の世代別日本人人口ではない。

世代別日本人人口の傾向は、日本全国で同じというわけではなく、同一都道府県内でも各市町村によって異なるので、しかも、大きく異なる場合もあるので、各選挙区の世代別日本人人口をふまえて、選挙で戦うことが重要だ。

選挙の際、選挙区の世代別日本人人口が知りたい場合は、総務省ＨＰ「住民基本台帳に基づく人口、人口動態及び世帯数」に掲載されている、日本人住民の都道府県別の年齢階級別人口・市区町村別の年齢階級別人口が参考になる［それらは、政府統計の総合窓口（e-Stat）にも掲載されている］。データは、いくらあっても、困らない。

3　世代別投票率と選挙運動のターゲット

（1）投票参加と年齢

次に、世代別投票率に注目して述べる。

世代別投票率に限った観点からは、投票率が高い世代ほど、選挙運動の主要なターゲットにすべき世代といえる。

そして、日本では、投票参加に対する年齢の影響が顕著であり、20～65歳は年齢が高くなるほど投票への参加が高まるが、70歳を過ぎると低下するといわれている。そして、その理由は、①65歳までは、加齢が社会的な交換関係への関わりを深め、政治への関心・投票への義務感を高めることにつながるが、②70歳を超えると、そのような社会関係から切り離され、身体的エネルギーも低下する、ということだ[99]。

そして、実際、日本では、地方選挙・国政選挙を問わず、一般に、世代別投票率は、20～24歳が最も低く、加齢とともに上昇し、65～69歳あるいは70～74歳でピークをむかえ、あとは加齢とともに低下する。一般に、投票率が高い世代は、55～59歳、60～64歳、65～69歳、70～74歳、75～79歳だ（なお、先程述べた投票参加・年齢に関する見解をふまえると、今後、世代別投票率のピークがより高齢になっても、不思議ではない。なぜなら、国と民間が協力して、国民の健康寿命[100]の延伸に取り組んでいるからだ。理由②に影響が出る可能性がある）。

また、投票率が低い世代と高い世代の間には、顕著な投票率の差がある。

以下、具体的に、第45回衆議院議員総選挙（２００９年）、第22回参議院議員通常選挙（２０１０年）、第46回衆議院議員総選挙（２０１２年）、第23回参議院議員通常選挙（２０１３年）、福岡県知事選挙（２０１１年）、愛知県知事選挙（２０１１年）の世代別投票率を示す。それが表Ⅳ❸だ[101]。衆議院議員総選挙・参議院議員通常選挙に関する世代別投票率を示すのは、世代別投票率の全国的な傾向を示すためだ。福岡県知事選挙・愛知県知事選挙の世代別投票率だけを示しても、世代別投票率の全国的な傾向はわからない。そして、衆議院議員総選挙・参議院議員通常選挙に関する世代別投票率は、総務省選挙部『年齢別投票状況』に基づく。また、福岡県知事選挙に関する世代別投票率は、福岡県『福岡県知事選挙における男女別・年齢別投票状況』に基づく。そしてまた、愛知県知事選挙に関する世代別投票率は、愛知県『愛知県知事選挙年齢別男女別投票率』に基づく。なお、地方選挙に関しては、世代別投票率を公表している場合でも、世代の区分が様々だ。福岡県『福岡県知事選挙における男女別・年齢別投票状況』と愛知県『愛知県知事選挙年齢別男女別投票率』は、世代の区分が総務省選挙部『年齢別投票状況』と共通であり、しかも、それらは比較的近年の大型地方選挙なので、本書では、それらに注目した。なお、総務省選挙部『第47回衆議院議員総選挙における年齢別投票状況』は、2015年1月9日現在、公表されていない。

表Ⅳ❸を見ると、投票率が低い世代と高い世代の間に、顕著な投票率の差があることが、よくわかるだろう。後者の投票率が前者の投票率の2倍を超える場合がほとんどだ。

そして、そのような状況は、インターネット選挙運動解禁後、すなわち、ネット選挙解禁後も同じだ（なお、公職選挙法における「選挙運動」とは、「特定の選挙について、特定の候補者の当選を目的として、投票を得又は得させるために直接又は間接に必要かつ有利な行為」のことだ(102)。

第23回参議院議員通常選挙の際には、ネット選挙解禁を理由として、若者の投票率の上昇を期待する声もあったが、表Ⅳ❸を見る限り、案の定、その期待は裏切られてしまったようだ。

ネット選挙解禁前から、インターネット政治活動は行えたし、実際に行われていた（なお、公職選挙法における「政治活動」とは、「政治上の目的で行われる諸行為から選挙運動にわたる行為を除外した一切の行為」のことだ(103)。

表Ⅳ❸第45回衆議院議員総選挙、第22回参議院議員通常選挙、第46回衆議院議員総選挙、第23回参議院議員通常選挙、福岡県知事選挙、愛知県知事選挙の世代別投票率（単位は%）

区分	第45回衆院選	第22回参院選	第46回衆院選	第23回参院選	福岡県知事選挙	愛知県知事選挙
20～24歳	46.66	33.68	35.30	31.18	22.41	34.00
25～29歳	52.13	38.49	40.25	35.41	21.99	34.48
30～34歳	61.15	45.93	47.07	40.93	27.12	43.79
35～39歳	66.29	51.21	52.64	46.18	30.87	45.72
40～44歳	70.37	56.15	56.69	48.90	35.85	51.34
45～49歳	75.03	61.67	62.47	54.86	40.65	56.37
50～54歳	78.87	65.84	66.68	60.31	44.32	61.33
55～59歳	80.38	69.54	69.27	63.19	46.11	61.32
60～64歳	83.36	73.82	73.17	65.51	49.88	61.53
65～69歳	85.04	78.45	77.15	69.98	57.65	69.36
70～74歳	83.34	76.85	76.47	70.94	61.27	69.59
75～79歳	77.68	70.89	71.02	66.43	57.82	66.23
80歳以上	56.10	49.34	48.08	44.75	40.38	41.37

そのため、ネット選挙解禁だけで、若者の政治への関心が短期間で飛躍的に上昇するとは考えにくかった。(104) インターネットを通じて政治に関心を持つ若者の多くは、当時、すでに関心をもっていただろう。

（２）投票者数の参考値

なお、先程述べたように、各世代の日本人人口は、各世代の有権者数の参考値だ。

そのため、各世代の日本人人口（各世代の有権者数の参考値）×各世代の投票率＝各世代の投票者数の参考値、ということになる。日本人人口（有権者数の参考値）が多く、投票率が高い世代ほど、投票者数の参考値が多くなる。

各世代の投票者数の参考値に限った観点からは、投票者数の参考値が多い世代ほど、選挙運動の主要なターゲットにすべき世代といえる。投票率が高くても、日本人人口が少なく、投票者数の参考値が少ない世代を、選挙運動の主要なターゲットにしても、効率的に票を獲得することはできないし、また、日本人人口が多くても、投票率が低く、投票者数の参考値が少ない世代を、選挙運動の主要なターゲットにしても、効率的に票を獲得することはできない（例えば、投票率が100.0％でも、日本人人口が１人の世代を、選挙運動の主要なターゲットにしても、効率的に票を獲得することはできない）。

そして、以上で述べてきたことをふまえると、投票者数の参考値は、世代によって大きく違う、ということがわかるだろう。

例えば、20〜29歳は、日本人人口が少なく、かつ、投票率が低いので、投票者数の参考値がとても少ない（表Ⅳ❷、表Ⅳ❸）。

逆に、60〜69歳は、日本人人口が多く、かつ、投票率が高いので、投票者数の参考値がとても多い（表Ⅳ❷、表Ⅳ❸）。

ある選挙において、60〜69歳の投票者数の参考値が、20〜29歳の投票者数の参考値の３倍より多くても、特に驚くことではない。その選挙区の20〜29歳の日本人人口をα人、投票率をβ％とした場合、投票者数の参考値は$\alpha\beta$人だ。その場合に、その選挙区の60〜69歳の日本人人口が1.40α人、投票率が2.20β％ということは、十分あり得る（表Ⅳ❷、表Ⅳ❸参照）。そのとき、60〜69歳の投票者数の参考値は3.08$\alpha\beta$人だ（1.40α人×2.20β％＝3.08$\alpha\beta$人）。

（３）異なる男女の投票率と１９６３年以降の傾向

なお、第17回統一地方選挙の際、投票率は、全ての区分で、女性の方が高かった。

具体的にいうと、その統一地方選挙の際、男女の投票率は、それぞれ、①県議47・83％、48・44％、②知事51・94％、53・54％、③指定市議46・89％、48・24％、④指定市長53・16％、54・66％、⑤市議49・87％、51・71％、⑥市長51・82％、54・02％、⑦特別区議42・20％、44・20％、⑧特別区長43・36％、45・61％、⑨町村議65・32％、67・74％、⑩町村長69・60％、71・44％だ。(105)

統一地方選挙の際の投票率が、女性の方が高いのは、第17回統一地方選挙に限ったことではない。

１９６３年の第５回統一地方選挙以降、全ての区分で、投票率は女性の方が高い（あくまでも、「全ての区分」で、ということだ。「全ての選挙」で、とはいっていない）。

特に、近年の統一地方選挙、すなわち、第15回・第16回・第17回統一地方選挙に限っていうと、投票率は、全ての区分で、女性の方が男性より1.0～4.0％程度高い。(106)

ちなみに、衆議院議員総選挙・参議院議員通常選挙ではそうではなく、男性の投票率の方が高いことも少なくない。ここ10年のものを示すと、男女の投票率は、それぞれ、第46回衆議院議員総選挙（２０１２年）60・14％、58・55％、第45回衆議院議員総選挙（２００９年）69・46％、69・12％、第44回衆議院議員総選挙（２００５年）66・80％、68・18％、第23回参議院議員通常選挙（２０１３年）53・50％、51・79％、第22回参議院議員通常選挙（２０１０年）58・38％、57・49％、第21回参議院議員通常選挙（２００７年）58・87％、58・42％だ［つまり、ここ10年のものに限ると、第44回衆議院議員総選挙（いわゆる郵政選挙）以外は、男性の投票率の方が高い］。(107)

そのため、統一地方選挙と衆議院議員総選挙・参議院議員通常選挙では、その傾向が同じではないといえる。

以上の状況が偶然生じているとは考えにくく、理由があると考えられる。

その理由に関しては様々な考え方があるだろうが、地方選挙（地方政治）と国政選挙（国政）で大きく違うことは、前者の方が日常生活に密着しているということだ。地方政治・地方行政事務の多くは、住民の日常生活に密着している。(108)

それを理由に、以上の状況が生じているのかもしれない。例えば、女性は、男性より、日常生活に密着した政策課題に強い関心をもつ傾向、そのような政策課題を重要なものと判断する傾向があるのかもしれない(109)（政策に関する判断が男女で異なるのは、先程述べた集団的自衛権行使容認・原発再稼働に関する賛否にも表れている。もちろん、それらは賛否に関する判断であり、ここで述べていることは重要性に関する判断であり、そこは違う）。

また、男女の投票率に関しては、興味深い傾向がある。

それは、世代と関係する傾向だ。

具体的にいうと、若い世代では、女性の投票率の方が高いが、年齢を重ねると、それが逆転する、すなわち、男性の投票率の方が高くなる、という傾向だ。その傾向は、地方選挙に関しても、国政選挙に関しても見られる。

例えば、第44回・第45回・第46回衆議院議員総選挙、第21回・第22回参議院議員通常選挙の際、20～24歳以上55～59歳以下の各世代では、女性の投票率の方が高く、60～64歳以上の各世代では、男性の投票率の方が高い。(110)

また、第23回参議院議員通常選挙の際、20〜24歳以上50〜54歳以下の各世代では、女性の投票率の方が高く、55〜59歳以上の各世代では、男性の投票率の方が高い。[111]

また、福岡県知事選挙（２０１１年）の際、20〜24歳以上65〜69歳以下の各世代では、女性の投票率の方が高く、70〜74歳以上の各世代では、男性の投票率の方が高い。[112]

そしてまた、愛知県知事選挙（２０１１年）の際、20〜24歳以上30〜34歳以下の各世代では、女性の投票率の方が高く、35〜40歳以上の各世代では、男性の投票率の方が高い。[113]

先程、若者の投票率の低さが問題視されていると述べたが、特に問題なのは、若い男性の投票率の低さ、ということだ。

４インターネット利用率とネット選挙

（１）ネット選挙解禁後、初の統一地方選挙

次に、インターネット利用率に注目して述べる。

２０１５年の第18回統一地方選挙は、ネット選挙解禁後、初の統一地方選挙だ。

統一地方選挙の際には、日本各地で、数多くの地方選挙が実施される。

そして、容易に想像できるだろうが、個人のインターネット利用率は、地域によって大きく違う。

都道府県によっても、大きく違う。

そこで、以下、都道府県別の個人のインターネット利用率の表を示す。それが表Ⅳ❹だ。[114]

表Ⅳ❹都道府県別の個人のインターネット利用率

［都道府県名の横の数字が、2013 年末のインターネット利用率。() 内の数字は、比較のための 2012 年末のインターネット利用率。単位は %］

北海道　84.1（77.5）	青森県　73.8（70.6）	岩手県　75.3（68.9）	宮城県　80.9（75.9）
秋田県　74.1（70.4）	山形県　75.4（71.9）	福島県　78.0（70.2）	茨城県　80.7（73.4）
栃木県　80.2（76.1）	群馬県　82.7（78.5）	埼玉県　86.1（80.0）	千葉県　79.5（81.0）
東京都　86.1（87.3）	神奈川県 86.9（87.0）	新潟県　79.0（74.4）	富山県　80.9（76.8）
石川県　80.6（79.0）	福井県　82.2（77.5）	山梨県　81.7（77.4）	長野県　81.3（75.3）
岐阜県　79.8（75.4）	静岡県　82.0（74.5）	愛知県　85.4（80.5）	三重県　82.9（78.4）
滋賀県　86.5（81.7）	京都府　89.1（78.6）	大阪府　87.4（82.1）	兵庫県　83.3（79.9）
奈良県　82.4（80.2）	和歌山県 77.0（74.6）	鳥取県　77.1（73.9）	島根県　73.6（68.8）
岡山県　79.9（80.0）	広島県　80.9（81.1）	山口県　77.8（75.4）	徳島県　79.2（74.0）
香川県　83.1（78.5）	愛媛県　79.1（76.1）	高知県　72.3（76.8）	福岡県　82.0（80.7）
佐賀県　80.4（77.0）	長崎県　77.0（72.6）	熊本県　79.2（75.9）	大分県　81.3（77.6）
宮崎県　79.4（74.5）	鹿児島県 78.2（74.2）	沖縄県　79.6（76.7）	全　体　82.8（79.5）

表Ⅳ❹を見ると、都道府県によって、個人のインターネット利用率が大きく違うことが、よくわかるだろう。

個人のインターネット利用率トップ5は、①京都府89.1％、②大阪府87.4％、③神奈川県86.9％、④滋賀県86.5％、⑤東京都・埼玉県86.1％だ。

個人のインターネット利用率ワースト5は、①高知県72.3％、②島根県73.6％、③青森県73.8％、④秋田県74.1％、⑤岩手県75.3％だ。

その割合が最も高い京都府と最も低い高知県の間には、16.8％も差がある。

（2）都道府県別インターネット利用率と２０２０年東京オリンピック

なお、表Ⅳ❹の利用率は、２０１３年末、２０１２年末の利用率だ。

そして、各都道府県の２０１３年末の利用率と２０１２年末の利用率を比較すると、２０１３年末の利用率の方が高い場合が多い。

全体の利用率も、2013年末の方が2012年末より高い。具体的にいうと、全体の利用率は3.3％上昇している（82.8％－79.5％＝3.3％）。そして、利用率の上昇は、近年続いている。

利用率は、2009年末78.0％、2010年末78.2％、2011年末79.1％、そして、2012年末79.5％、2013年末82.8％だ。(115)

そのことをふまえると、2014年末の利用率は、さらに上昇していると推測できる。

仮に、2014年末の利用率が低下していたとしても、長い目で見れば、間違いなく、利用率は上昇していく。東京オリンピックが開催される2020年の利用率は、2013年末の利用率より高くなる。

2020年、東京オリンピックで、多くの世界新記録・日本新記録がでるだろう、でるはずだ、でてほしい。ただ、日本で、2020年にでる可能性がある新記録は、それだけではない、個人のインターネット利用率の日本新記録・世界新記録もでる可能性がある。

そのため、今後、ネット選挙・ネット政治活動の重要性は増していく。

だから、例えば、2015年の第18回統一地方選挙の際のその重要性と、2019年の第19回統一地方選挙の際のその重要性は、大きく違う。

ということをふまえると、今後、継続的に、選挙に立候補する予定の人、政治活動をしていく予定の人は、今から、ネット選挙・ネット政治活動に取り組んでおいた方が良い［当然のことだが、日常的に、ネット選挙を行うべきといっているわけではない。事前運動は禁止されている（公職選挙法129条）］。

いきなり上手にやろうと思っても、できるものではないし、また、例えば、Ｔｗｉｔｔｅｒを使って、日常的にネット政治活動に取り組んでいれば、フォロワーも徐々に増えていく。フォロワーが増えれば、自分のつぶやきを見てもらえる機会も増える。一般に、フォロワーは、一気に増えるものではない。第47回衆議院議員総選挙の際、選挙の直前に、Ｔｗｉｔｔｅｒを開始した大政党の候補者がいたが、案の定、フォロワーはあまり増えなかった。国政選挙の候補者、しかも、大政党の候補者ですら、そうなのだ。

Ｔｗｉｔｔｅｒでつぶやくためには、時間等のコストがかかるから、「めんどくさいなぁ。毎日つぶやくなんて、どれだけ暇なんだよ。そもそも、毎日つぶやいたら、3日で飽きるよね」と思う人もいるだろうし、「そんな暇があるなら、友達とかと遊びに行きたいよ」と思う人もいるだろう。その気持ちはよくわかる。よくわかるが、お仕事の一環だと思って、がんばってください［筆者にいわれるまでもなく、「仕事の一環だと思ってやりなさい！」と関係者に強く勧められて（強要されて?）、すでに、やっている人も少なくないだろうが……］。

（3）インターネットとコスト

コストの話がでてきたので、ここで、それに関する話をする。

先程述べたように、Ｔｗｉｔｔｅｒでつぶやくためには、コストがかかる。そして、それだけではなく、メールをするためにもコストがかかるし、ブログにコメントするためにもコストがかかる。

そのことを背景として、様々なことが起こり得る。

まず、次のようなことが起こり得る。

ある集団に10万人いる。そして、その集団には、選挙の際、政策課題αを重視する人が5万人、政策課題βを重視する人が3万人、政策課題γを重視する人が2万人いる（この例における「重視」は、最も重視の意味だ）。

その集団に、選挙の際、どの政策課題を重視するかの世論調査をかけたら、回答者の50.0％がα、30.0％がβ、20.0％がγを選択した。

ただ、αを重視する人、βを重視する人、γを重視する人が、選挙の際、必ず、それぞれ、その重視する政策課題に関して、同じ頻度でTwitterでつぶやき、α・β・γに関するつぶやきの件数が5対3対2になるかといえば、そうではない。

例えば、γを重視する人の中にだけ、それについて発信するのに極めて熱心な人が多数存在すれば、すなわち、それについて発信するために高コストをかける人が多数存在すれば、γに関するつぶやきの件数が突出する可能性がある。α・β・γに関するつぶやきの件数が5対3対6になる可能性もある。

①ある政策課題を選挙の際に重視する人がどれだけ存在するかということ、②ある政策課題について発信するためにコストをかける人がどれだけ存在するかということ、③ある政策課題について発信するためにトータルでどれだけコストがかけられるかということ、①②③は別問題だ。

選挙の際に重視する人が多い政策課題ほど、それに関してTwitterでつぶやく人が多い、というわけではない。

選挙の際に重視する人が多い政策課題ほど、それに関するTwitterのつぶやきの件数が多い、というわけでもない。

選挙の際に重視する人が多い政策課題ほど、それに関するデモの参加者が多い、というわけでもない。

そして、以上のことをふまえると、例えば、政治的対立が大きい政策課題や、生存そのものに関わる政策課題に関して、政策課題δに生じた次の現象と同様のことが起こり得る、「世論調査の結果によると、政策課題δは、選挙の際に重視する人が少ない政策課題であり、また、政策課題εは、選挙の際に重視する人が多い政策課題だ。そのため、選挙の際、Ｔｗｉｔｔｅｒのつぶやきの件数は、εに関するものの方が、δに関するものより、多くなると予測された。それなのに、調査の結果、つぶやきの件数はδに関するものの方が、はるかに多かった」。政治的対立が大きい政策課題に関して、自己の主張の適切さ、他者の主張の不適切さを熱心に主張する人がいても、すなわち、そのような主張を発信するために高コストをかける人がいても、全く不思議ではない。また、生存そのものに関わる政策課題に関して、当事者・その支援者が熱心に訴えても、すなわち、発信するために高コストをかけても、全く不思議ではない。

また、次のようなことも起こり得る。

候補者Ａは、ブログで、ある分野の規制緩和を主張した。

一般国民は、その規制緩和が実現すると、物の価格が下がるというメリットを得る。そのため、一般国民は、その規制緩和に賛成だった。ただ、価格が下がるといっても、それはわずかであるため、一般国民は、わざわざブログに賛成のコメントをしようと思わなかった、すなわち、ブログにコメントするためのコストをかけようとは思わなかった。

それに対し、その規制で守られている企業・人は、その規制緩和が実現すると、競争が厳しくなるというデメリットを受ける。下手をすると、倒産・失業してしまうので、そのデメリットはとても大きい。そこで、候補者Aを翻意させるため、あるいは、候補者Aに怒りをぶつけるため、その規制で守られている人は、ブログに反対のコメントをした、すなわち、ブログにコメントするためのコストをかけようと思った。(116)

結果、デメリットを受ける人より（規制緩和に反対の人より）、メリットを得る人の方が（規制緩和に賛成の人の方が）はるかに多いのに、ブログのコメント欄は反対でいっぱいになった。(117)

ということなので、インターネット上に表示されていることだけを見て、国民の意思・世論を判断しない方が良い。とんでもない判断ミスをしてしまうおそれがある。(118) 以上で述べたこと以外に関していうと、インターネット上でアンケートをしても、同じ人が何度も回答している可能性はあるし、選挙区外の人が回答している可能性もあるし、選挙権をもっていない未成年者が回答している可能性もある。やりたければやれば良いが、その結果にいったい何の意味があるのか、よく考えた方が良い。ある政策に関してアンケートを実施しようと思う場合、その政策に対して賛成意見・反対意見があることは、それを実施するまでもなく、わかっているはずだ。

（4）ブタとプロポーズ

なお、第47回衆議院議員総選挙後の2014年12月20日、次世代の党に関して、朝日新聞が次の報道をした。

「ネット上で発言する右派の支持を得ようと、積極的なネット戦略も展開した。『子育て犠牲にしてまでなぜ働くのか』『慰安婦問題はでっちあげ』など、『誰もが知らんふりするタブー』を斬るとして、キャラクター『タブーブタ』を一刀両断する動画を制作。動画の再生回数は30万回を超えた。ツイッターも自民、公明に次ぐ約1万2千フォロワーを獲得。（中略）右寄りのネット世論に浸透したようでもあった。しかし、ふたをあければ、わずか2議席。当選はいずれも強固な地盤を持つ平沼氏（岡山3区）と園田博之氏（熊本4区）のベテラン議員だった。目玉候補の田母神氏も東京12区で約3万9千票にとどまり、4候補中最下位。平沼党首は15日未明の会見で、『急な解散で党の知名度が不足していた』と語った[119]」。

ここで、その報道に関する補足をしておく。

まず、2015年1月9日現在、Twitterのフォロワーの概数は、自由民主党77000、公明党37700、次世代の党14500、日本共産党12100、生活の党10700[120]、民主党10300、社会民主党6100、維新の党3600だ。なお、同日現在、Twitterのフォローの概数は、自由民主党250、公明党550、次世代の党14300、日本共産党160、生活の党9300、民主党360、社会民主党630、維新の党1だ。次世代の党・生活の党のフォロー数は、突出している。特に、次世代の党は、フォロワー数とフォロー数の差が少ない[121]。なお、先程、フォロワー数の増加について述べた。ここで、フォローに注目して、フォロワー数の増加について述べると、XがYをフォローすると、Yがフォロー返しをして、Xのフォロワー数が増加する、ということがある。すなわち、フォローしてもらったお返しにYがXをフォローして、Xのフォロワー数が増加する、ということがある。フォロワー数を増加させたい場合は、フォロー返しを狙って、フォローする、ということも考えられる。もちろん、フォロー返しをするか否かは任意なので、返してくれなくても仕方がない、返してくれなくても怒ったらダメだ。また、XY間のフォロー・フォロー返しのことをふまえると、XがYをフォローしておけば、していない場合と比較し、XはYにフォローを外されにくい、と考えられる。

また、YouTubeで、『タブーブタ／次世代の党』という動画は、その報道のとおり、再生回数が30万回を超えている。政党の動画としては、再生回数がかなり多い。ただ、『タブーブタ第2／次世代の党』という動画は、再生回数が5万回を超えたくらいだ。そして、YouTubeの「次世代の党チャンネル」にある動画の再生回数トップ2が、それらの動画だ。また、所属国会議員（当時）のインタビュー動画は、再生回数が数百回のものも複数ある。そういう動画で数百回というのは、別に多くはない、よくある再生回数だ。というように、『タブーブタ／次世代の党』『タブーブタ第2／次世代の党』の再生回数が特に多かったわけだが、両方とも2分くらいの動画で、キャラクターを使った動画だ。なお、YouTubeで100万回以上再生されている『【自民党ネットCM】プロポーズ篇』は30秒のアニメ、90万回以上再生されている『【自民党ネットCM】ラーメン篇』は60秒のアニメだ。それらの共通点は、動画の時間が短いこと、気軽に見られるようなもの、ということだ、つまり、視聴コストが低い、ということだ。再生回数が多い動画に、視聴コストが低いという共通点があることをふまえると、視聴コストが高い動画は、一般に、再生回数が少ない、また、再生されても、最後まで視聴してもらえる可能性が低い、と考えられる。先程、ヒューリスティックに関して述べたが、そのことをふまえると、そのように考えやすい。一般に、有権者は、コストをかけることを望まない。

以上のことをふまえると、政治家・候補者は、動画を公開する場合は、視聴コストの低いものにすべきといえる。

もちろん、文書を公開する場合も同様だ。ブログ・HP等で、長々と政策について説明しても、多分、あまり読んでもらえない。有権者は暇ではない。
（5）デザイナーズブランドとファーストライン・ディフュージョンライン
なお、どうしてもそういうことをしたいのであれば、例えば、簡易版（低コストをかければ読めるもの）と通常版（高コストをかけないと読めないもの）の2種類を公開しておけば良い。

各有権者が、読みたいものを読む。

中には、簡易版を読んで、通常版を読みたくなる有権者もいるだろう。

デザイナーズブランドが、ファーストライン（高コストをかけないと購入できないもの・高価なもの）以外に、ビジネス重視型・普及のためのラインであるディフュージョンライン（低コストをかければ購入できるもの・廉価なもの）を出すことがある。

デザイナーズブランドがディフュージョンラインを出す目的を2つあげると、それ自体を購入してもらい売り上げを伸ばすことと、ファーストラインの将来の顧客を育てることだ。

簡易版と通常版を公開するのも、それと同様だ。

クオリティにこだわりたいのであれば、通常版の方でこだわれば良い。

実際、ある政策課題について、Ｔｗｉｔｔｅｒ・ブログ等で簡単に意見を述べ、そのうえで、詳細な意見を数十ページのレポート（ＰＤＦファイル）で公開している議員もいる。

そういうことをするためには専門的知識が必要だし、時間・労力もかかるので、そこまでのことができる政治家・候補者はほとんどいないだろうが、そういうことをしている人もいる、ということだ。

(6) ケネディVSニクソンと公開討論会

ここで、動画の公開に関して、補足しておく。

1960年のアメリカ大統領選挙の際、民主党のジョン・F・ケネディ候補と共和党のリチャード・ニクソン候補が討論をした。

その討論は、テレビで見ることもできたし、ラジオで聞くこともできた。

そして、ラジオを聞いていた人の多くは「リチャード・ニクソン候補が討論に勝った」と思い、テレビを見ていた人の多くは「ジョン・F・ケネディ候補が討論に勝った」と思った。

同じ討論内容でも、外見・話し方等の広い意味での見た目によって、勝敗に関する視聴者の判断が違ってくる、ということだ。

そのことをふまえると、自分の主張を動画で公開する場合、主張内容だけではなく、見た目にもこだわる必要がある。見た目によって、その動画に対する視聴者の評価が、大きく違ってくる可能性がある。

そして、いうまでもなく、公開討論会に参加する場合も、見た目にこだわるべきだ。

なお、公開討論会が形骸化し、実質的に、公開発表会になっていることがある。つまり、実質的な討論がなく、各参加者が自分の主張をしているだけの、名ばかり討論会がある。ある、というか、そちらの方が多い。

「相手を黙らせるまでやって良い討論会なら出席したいけど、発表会に参加するのは面倒だな。おもしろくないし」と思う人もいるかもしれない。

ただ、討論会を開催している人（有権者）は、意味があると思っているのだから、参加してあげた方が良いし、討論会の様子が報道されること、ネット上にアップされることもあるので、参加しておいた方が良い。おもしろい、おもしろくないの問題ではない。

（7）インターネットの世代別利用率と18歳選挙権

次に、インターネットの世代別利用率に注目して述べる。

インターネットの世代別利用率に限った観点からは、それが高い世代ほど、ネット選挙の主要なターゲットにすべき世代といえる（もちろん、20歳以上の世代に関してだ）。

では、インターネットの世代別利用率はどうなっているのだろうか。

以下、インターネットの世代別利用率の表を示す。それが表Ⅳ❺だ。[122]

先程述べたように、選挙権年齢は20歳以上だから、本書で注目すべきは、20歳以上のインターネット利用率だ。

そして、表Ⅳ❺に基づいて、インターネット利用率が高い順に20～29歳以上の各世代を並べると、①20～29歳、②30～39歳、③40～49歳、④50～59歳、⑤60～64歳、⑥65～69歳、⑦70～79歳、⑧80歳以上だ［60代に関して、60～69歳という10歳区切りではなく、60～64歳、65～69歳という5歳区切りになっているのは、総務省『通信利用動向調査の結果（概要）』がそうなっているからだ］。

表Ⅳ❺インターネットの世代別利用率

区分	2013年末のインターネット利用率（%）	2012年末のインターネット利用率（%）	2011年末のインターネット利用率（%）	2010年末のインターネット利用率（%）	2009年末のインターネット利用率（%）
6～12歳	73.3	69.0	61.6	65.5	68.6
13～19歳	97.9	97.2	96.4	95.6	96.3
20～29歳	98.5	97.2	97.7	97.4	97.2
30～39歳	97.4	95.3	95.8	95.1	96.3
40～49歳	96.6	94.9	94.9	94.2	95.4
50～59歳	91.4	85.4	86.1	86.6	86.1
60～64歳	76.6	71.8	73.9	70.1	71.6
65～69歳	68.9	62.7	60.9	57.0	58.0
70～79歳	48.9	48.7	42.6	39.2	32.9
80歳以上	22.3	25.7	14.3	20.3	18.5
全体	82.8	79.5	79.1	78.2	78.0

若い世代ほど、インターネット利用率が高い。

その傾向は、２００９年末～２０１３年末の全てに見られる。

そのため、インターネットの世代別利用率に限った観点からは、ネット選挙の主要なターゲットを20～29歳にすべきということになる。それを60～69歳、70～79歳にするのは望ましくないし、80歳以上にするのは論外だ（なお、先程述べたように、選挙権年齢が「18歳以上」に引き下げられた場合、新たに、18歳、19歳に選挙権が認められることになる。そして、表Ⅳ❺を見るとわかるように、18歳、19歳が含まれる13～19歳のインターネット利用率は、20～29歳の利用率と同じくらいだ、つまり、かなり高い）。

（８）インターネットを利用する日本人人口

ただ、先程述べたように、日本人人口は、世代によって大きく違う（なお、先程述べたように、各世代の日本人人口は、各世代の有権者数の参考値だ）。

表Ⅳ❻インターネットを利用する日本人人口
（インターネットを利用する有権者数の参考値）

区分	2013年末のインターネット利用率（%）α	2013年12月1日現在日本人人口（千人）β	インターネットを利用する日本人人口（千人）α×β
20～29歳	98.5	12626	12437
30～39歳	97.4	16252	15829
40～49歳	96.6	17865	17258
50～59歳	91.4	15287	13972
60～64歳	76.6	9484	13270 （7265+6005）
65～69歳	68.9	8715	
70～79歳	48.9	13890	6792
80歳以上	22.3	9334	2081

そして、インターネット利用率が高くても、日本人人口が少なく、インターネットを利用する日本人人口が少ない世代を、ネット選挙の主要なターゲットにしても、効率的に票を獲得することはできない。極端なことをいえば、インターネット利用率が100.0％であっても、日本人人口が1人しかいない世代を、ネット選挙の主要なターゲットにしても、効率的に票を獲得することはできない。各世代のインターネットを利用する日本人人口（各世代のインターネットを利用する有権者数の参考値）に限った観点からは、それが多い世代ほど、ネット選挙の主要なターゲットにすべき世代といえる。

もちろん、各世代のインターネットを利用する日本人人口（各世代のインターネットを利用する有権者数の参考値）＝各世代の日本人人口（各世代の有権者数の参考値）×各世代のインターネット利用率だ。

ここで、2013年12月1日現在日本人人口（確定値）と2013年末のインターネット利用率に基づいて、インターネットを利用する日本人人口の表を示す。それが表Ⅳ❻だ。[123]

表Ⅳ❻に基づいて、インターネットを利用する日本人人口が多い順に20～29歳以上の各世代を並べると、①40～49歳、②30～39歳、③50～59歳、④60～69歳、⑤20～29歳、⑥70～79歳、⑦80歳以上だ（先程述べたように、選挙の際、選挙区の世代別日本人人口が知りたい場合は、総務省ＨＰ「住民基本台帳に基づく人口、人口動態及び世帯数」に掲載されている、日本人住民の都道府県別の年齢階級別人口・市区町村別の年齢階級別人口が参考になる。それとインターネットの世代別利用率を組み合わせると、選挙の際、選挙区における、各世代のインターネットを利用する日本人人口を想定できる。それを想定しておくことは、インターネットで発信する内容を決定する際に、役立つだろう）。

先程、表Ⅳ❺に基づいて、インターネット利用率が高い順に20～29歳以上の各世代を並べたが、それとは大きく順位が違う。特に、20～29歳の順位は、インターネット利用率１位、インターネットを利用する日本人人口５位だ。また、40～49歳の順位は、インターネット利用率３位、インターネットを利用する日本人人口１位だ。

そうなるのには、複数の理由がある。

例えば、まず、20～29歳以上の各世代に関して、若い世代ほどインターネット利用率が高いといっても、20～29歳の利用率が圧倒的に高いわけではない。表Ⅳ❻を見るとわかるように、２０１３年末、インターネット利用率は、20～29歳98.5％、30～39歳97.4％、40～49歳96.6％であまり差はないし、50～59歳の利用率も91.4％で決して低くはない。

会社でも、学校でも、インターネットを利用するし、また、日常生活の様々な場面で、インターネットは役立つので、そうなるのは全く不思議ではない。

インターネットというと若者が注目されがちだが、例えば、ネット選挙解禁時も、ネット選挙と若者の関係が注目されたが、若者だけがインターネットを利用するわけではないし、若者のインターネット利用率が突出して高いわけでもない。インターネットといえば若者、という時代もあったのだろうが、そのときの若者は、今、おじさん、おばさんになっている。

また、先程述べたように、そして、表Ⅳ❻を見るとわかるように、若い世代の日本人人口は少ない。だから、若い世代のインターネット利用率が高くても、日本人人口の少なさが影響し、結果として、インターネットを利用する日本人人口で、中年世代、高齢世代に、逆転されてしまう。

以上が、インターネットを利用する日本人人口についてだ。

なお、当然、インターネットを利用する20歳以上の日本人全てが投票する、というわけではない。インターネットを利用するが、投票はしない、という人もいる。

世代別投票率に関しては、先程述べたとおりだ（表Ⅳ❸）。

世代別投票率をふまえ、20～29歳に関していうと、インターネット利用率は高いが、日本人人口が少ないため、インターネットを利用する日本人人口が少ない、その上、投票率が極めて低い。そのことからは、ネット選挙の主要なターゲットを20～29歳にするのはやめた方が良い、といえる。(124)

（9）これからのネット選挙のターゲットと重要性の変化

なお、インターネットの世代別利用率に関しては、注意すべきことがある。

それは、利用率の上昇だ。

表Ⅳ❺を見るとわかるように、50～59歳、60～64歳、65～69歳、70～79歳の利用率は上昇傾向にあり、大きく（5.0％以上）上昇している。

具体的にいうと、２０１３年末の利用率は、２００９年末の利用率より、次の値高くなっている、50～59歳5.3％、60～64歳5.0％、65～69歳10.9％、70～79歳16.0％。

社会の中にインターネットがどんどん浸透していることや、インターネット利用率の高い世代の人が高齢になっていくことをふまえると、今後も、それらの世代の利用率の上昇は続くだろう。２０１９年の第19回統一地方選挙の際に、利用率が２０１３年末より10.0％以上上昇している世代があっても、全く不思議ではない。20.0％以上上昇している世代もあるかもしれない。

また、表Ⅳ❺を見るとわかるように、80歳以上の利用率は、２０１３年末の方が２０１２年末より低い。ただ、現在利用率が高い世代の人が高齢になっていくこと等をふまえると、長期的には、それは高くなっていくと考えられる。今の20～29歳が、80歳以上になったとき、利用率が10.0％、20.0％、30.0％ということは、考えにくい。なお、２００８年以前の利用率も見ると、80歳以上の利用率は、間違いなく、上昇してきている。２００５年末、80歳以上の利用率は、10.0％に達していなかった。[125]

そしてまた、20～29歳、30～39歳、40～49歳の利用率は、２００９年末以降、わずかに上昇しているものの、今後、大きく上昇することはない（大きく上昇したら、利用率が100.0％を超えてしまう。それはあり得ない）。利用率は高止まりしている、といえる状況に、近い将来なるだろう。

以上のことが意味するのは、今後、ネット選挙のターゲットとしての各世代の重要性が、変化していく、ということだ。簡単にいうと、若い世代の重要性は相対的に低下し、高齢世代の重要性が相対的に上昇する、ということだ。

インターネット利用率が高い、という若い世代の優位性は、今後も徐々に失われていく。

V　投票

1　注目すること

そして、最後に、投票に関して述べる。

述べるにあたっては、棄権理由、有権者への情報提供、有権者が考慮する政策課題に注目する。

2　棄権理由と票の獲得

(1)　棄権理由のトップ5

まず、棄権理由に注目して述べる。

棄権理由に注目するのは、候補者が、ある人の棄権理由を解消すれば、その人から票を獲得できる可能性があるからだ。候補者は、棄権理由を解消できるように活動することが重要だ。棄権理由を知っているだけでは、意味がない。

さて、第17回統一地方選挙の際、明るい選挙推進協会は、意識調査を実施した。

その調査の中に、投票しなかった理由を、知事選挙・道府県議会議員選挙の棄権者に尋ねるというものがあった。そして、13項目から当てはまるもの全てを選んでもらった結果が、次のとおりだ。

まず、知事選挙の棄権理由として選択率が高かったトップ5は、①「仕事があったから」29.5％、②「選挙にあまり関心がなかったから」23.9％、③「適当な候補者がいなかったから」17.0％、④「重要な用事があったから」15.9％、⑤「政策や候補者の人物などについて、事情がよく分からなかったから」14.2％だ。

また、道府県議会議員選挙の棄権理由として選択率が高かったトップ5は、①「選挙にあまり関心がなかったから」32.7％、②「仕事があったから」24.6％、③「適当な候補者がいなかったから」16.5％、④「政策や候補者の人物などについて、事情がよく分からなかったから」14.8％、⑤「重要な用事があったから」14.1％だ。(126)

要するに、トップ5に入った項目は、知事選挙・道府県議会議員選挙で同じだった、ということだ。すなわち、「仕事があったから」「重要な用事があったから」「選挙にあまり関心がなかったから」「適当な候補者がいなかったから」「政策や候補者の人物などについて、事情がよく分からなかったから」だ。

なお、選択率トップ5圏外だった項目は、「病気だったから」「体調がすぐれなかったから」「投票所が遠かったから」「面倒だから」「私一人が投票してもしなくても同じだから」「選挙結果が予想できるような無風選挙であったから」「選挙によって政治はよくならないと思ったから」「今住んでいる所に選挙権がないから」だ（知事選挙・道府県議会議員選挙の両方で、選択されなかった選択肢はなかった）。(127)

(2) 期日前投票をしなかった理由と投票当日投票所投票主義

そして、さらに、「仕事があったから」「重要な用事があったから」と答えた人に、期日前投票をしなかった理由を尋ねたところ、その答えは、①「期日前投票をする時間もなかったから」46.9％、②「期日前投票所に行くのが面倒だったから」24.7％、③「期日前投票ができることを知らなかったから」「選挙期間中、不在又は病気で投票できなかったから」4.3％、⑤「期日前投票所の場所がわからなかったから」2.5％、⑥「期日前投票所が遠かったから」1.9％だった（ちなみに、「その他」は14.2％だった。なお、④がないのは、③に同率で2項目あるからだ[128]）。

なお、選挙は、選挙期日（投票日）に投票所において投票することを原則としている（投票当日投票所投票主義）。期日前投票制度は、選挙期日前であっても、選挙期日と同じように投票できる（投票用紙を直接投票箱に入れることができる）、という制度だ[129]。

（3）投票参加コスト

そして、例えば、選挙期日に、雨が降っても、雪が降っても、投票参加コストは上がる。すなわち、投票所に行くのが面倒になる。

そのため、選挙期日に雨・雪が降ったことを原因として、獲得できるはずだった票を獲得できなかった、という事態が生じる可能性がある[130]。候補者にとって、それはとても残念な事態だ。

同様の事態は、選挙期日の仕事・重要な用事・病気・体調不良でも、起こり得る。突然、仕事・用事が入ったり、体調が悪くなったりすることは、珍しくない。

そういう事態を回避するための方法の1つが、有権者に期日前投票をしてもらうことだ。

そして、先程述べた棄権理由、期日前投票をしなかった理由をふまえると、期日前投票ができることや期日前投票所の場所を候補者・その支持者が有権者に伝えることによって、また、期日前投票を候補者・その支持者が有権者に促すことによって、[131] 期日前投票をしてもらいやすくなる、といえる［期日前投票ができることを知らない人に、ただ、期日前投票ができることを伝えても意味がない可能性があるので、期日前投票が何かということから伝える必要があるだろう。候補者「期日前投票ができるよ」→有権者「ふーん（ところで、キジツゼントウヒョウってなんだろう?・）」ということが生じる可能性がある］。

先程述べた事態が自分に生じてしまった候補者は、詰めが甘い。

以上で述べたことは、棄権理由の「仕事があったから」「重要な用事があったから」「病気だったから」「体調がすぐれなかったから」「面倒だから」と関係する。

（4）投票参加の合理的選択モデルと学校・家庭教育

また、棄権理由に、「私一人が投票してもしなくても同じだから」「選挙結果が予想できるような無風選挙であったから」というものがある。

それらの理由は、自分の1票が選挙結果を左右する可能性が低い、ということに関するものだ。

そのため、候補者は支持者に、「今回の選挙は楽勝」「今回の選挙は全然ダメ、当選の見込みなし」といわない方が良い。そんなことをいうと、支持者に、「自分が投票してもしなくても、選挙結果は同じだな。自分の1票が選挙結果を左右する可能性は低そうだな。だから、投票しないでおこう」と思われてしまう可能性がある。

あまりにひどい負け方をすると、次回の選挙に影響する可能性があるので、候補者は「今回の選挙は全然ダメ、当選の見込みなし」と思っても、できる限り、自分に投票してもらえるようにした方が良い。「当落線上にいる。当選するか落選するか、微妙なところだ」と候補者が支持者にいっておけば、支持者が「自分の１票が選挙結果を左右する可能性が高そうだな」と思いやすい。ただ、選挙結果が大敗だった場合、「嘘吐かれた……投票なんか行かずに、遊びに行けば良かったな……」と思われるかもしれないが。

また、過去の選挙の接戦事例、特に、身近な選挙の接戦事例を支持者に伝えるのも良いだろう、「過去の選挙では、～ということがあった。だから、１票がとても大切なんだ」ということだ。

なお、ライカーとオードシュックによる投票参加の合理的選択モデルがある。

$$R = P \times B - C + D$$

Ｒは、有権者が投票することによって得られる効用。Ｒ＞０の場合、有権者は投票に行くと考えられる。

Ｐは、自分の１票が選挙結果に影響を与える確率（有権者の主観的判断）。

Ｂは、候補者間（政党間）の期待効用差。候補者に関して具体的にいうと、各候補者が当選した場合にもたらすと期待される効用の差。

Ｃは、投票参加のコスト。具体的にいうと、投票参加に必要な時間・労力や、その時間・労力をかければ得られるはずのもの（機会費用。例えば、バイト代）。

Ｄは、投票によって市民としての義務を果たすことから得られる満足や、自分の政治的選好を表明することから得られる満足などのこと。[132]

有権者が投票するようにしたければ、そのモデルのP、B、Dを大きくし、Cを小さくすれば良い。そうすれば、R＞0になりやすい。逆に、そのモデルのP、B、Dをを小さくし、Cを大きくすると、R＜0になりやすい。

自分の1票が選挙結果を左右する可能性に関して先程述べたが、それは、そのモデルのPに関することだ。

また、例えば、「政策や候補者の人物などについて、事情がよく分からなかったから」という棄権理由は、そのモデルのBに関係する。有権者が「政策や候補者の人物などについて、事情がよく分からない」[133]と考えている場合、Bは大きくなりにくいから、R＜0になりやすく、有権者が棄権しやすい。各候補者・各政党の主張に明確な差があり、有権者がそれを認識していれば、Bが大きくなりやすく、有権者が投票しやすい。だから、例えば、ある選挙区に、強固な支持基盤をもつ現職がいて、新人が勝つために投票率を上げる必要がある場合、新人は、現職と明確に異なる主張をすれば良い。[134]逆に、その場合、現職が、投票率の上昇を望まないのであれば、自分の主張を新人の主張に近いものにすれば良い、究極的には同じ主張にしてしまえば良い（新人の主張を取り込んでしまえば良い）。そして、その上で、自分が確実に勝っているところ、例えば、政治家としての経験・実績をアピールすれば良い。

また、「投票所が遠かったから」という棄権理由は、そのモデルのCに関係する。Cを小さくする方法としては、例えば、インターネット投票が考えられる［ネット選挙解禁時に、ネット選挙をインターネット投票のことだと思っている人がいたが、ネット選挙（インターネット選挙運動）とインターネット投票は別物だ」。自宅のパソコンから投票できたり、スマートフォンから投票できたりすれば、投票参加のコストはかなり低くなる。選挙期日に、雨が降ろうが、雪が降ろうが、雹が降ろうが、関係ない。しかし、インターネット投票には、セキュリティの問題等、様々な問題がある。だから、日本でそれが実現するとしても、まだまだ先だろう。なお、これに関する重大な問題があり、それは、過疎地における投票所の減少だ。投票所の減少は、投票所までの距離が長くなることにつながる、すなわち、投票参加コストが上がることにつながる。それは、過疎地に住む高齢者等が投票するのが、困難になることを意味する。(135)

そして、そのモデルのDに関していうと、ある有権者の投票に対する義務感が強いほど、また、自分の選好を表明することへの欲求が強いほど、投票によって得られる満足が大きくなるので、その有権者は投票しやすくなる。(136)

先程述べたように、近年、若者の投票率の低さが問題視されている。ここで述べたことをふまえると、学校・家庭で、強い投票義務感をもつように教育すれば、その問題の改善につながると考えられる。選挙権年齢が「18歳以上」に引き下げられた場合、高校における教育が、18歳の者の投票率に大きな影響を与えることになる。同じ高校でも、α先生に教えてもらった人の投票率は、β先生に教えてもらった人の投票率より、はるかに高い、ということが起こり得る（若いβ先生は、自分自身、一度も投票したことがなかった、なんていうこともあるかもしれない）。

なお、第17回統一地方選挙の際、明るい選挙推進協会は、意識調査を実施した。その中に、投票理由を尋ね、6項目の中から1つだけ選択してもらう、というものがあった。その6項目を具体的に示すと、次のとおりだ、「どうしても当選させたい候補者がいたから」「もりたてたい政党があったから」「今の政治がよくないので、それを改めたいと思ったから」「政治をよくするためには投票することが大事だから」「投票するのは住民の義務だから」「団体、地元、知り合いにたのまれて」。

そして、「投票するのは住民の義務だから」の選択率は、知事選挙31.9％、道府県議会議員選挙31.6％、市区町村長選挙29.7％、市区町村議会議員選挙25.3％だった。「投票するのは住民の義務だから」は、知事選挙・道府県議会議員選挙・市区町村長選挙で最も選択率が高く、市区町村議会議員選挙で２番目に選択率が高かった。

なお、市区町村議会議員選挙で最も選択率が高かったのは、「どうしても当選させたい候補者がいたから」だ。ちなみに、「どうしても当選させたい候補者がいたから」の選択率は、知事選挙15.0％、道府県議会議員選挙18.9％、市区町村長選挙25.8％、市区町村議会議員選挙26.6％だ。

また、「もりたてたい政党があったから」の選択率は、知事選挙3.9％、道府県議会議員選挙4.8％、市区町村長選挙3.0％、市区町村議会議員選挙4.9％だ。[137]

「どうしても当選させたい候補者がいたから」「もりたてたい政党があったから」の選択率の高さ（低さ？）に関しては、色々な考え方があるだろうが、日々政治活動をがんばっている政治家・政党にとっては、少し残念な状況かもしれない。逆にいうと、新人候補、新興政党が新規参入するチャンスは、まだまだある、ということだ。「どうしても当選させたい」と思われる候補者になれるように、また、「もりたてたい」と思われる政党になれるように、努力すべきだ。例えば、有権者のニーズに応えることは重要だ。有権者のニーズに関しては、以上で述べてきたし、以下でも述べる。

そしてまた、「団体、地元、知り合いにたのまれて」の選択率は、知事選挙4.6％、道府県議会議員選挙

8.3％、市区町村長選挙6.4％、市区町村議会議員選挙10.1％だ。[138] 頼むというのは一般的なことだが、実際、頼まれて投票する人も少なからずいる、ということだ。

なお、ライカーたちは、次の指摘もしている。仮に、選択肢間の効用の差がある程度あっても、各選択肢がもたらす効用の絶対的なレベルが非常に低ければ、いい方をかえると、どの候補者（政党）にも非常に不満であれば、その有権者は疎外感を抱き、投票に参加する可能性は低くなる。[139]「適当な候補者がいない」という棄権理由が、その指摘に関係する。

3　有権者への情報提供

(1) 不足する情報とその弊害

先程述べたように、棄権理由のトップ5に入った項目に、「政策や候補者の人物などについて、事情がよく分からなかったから」があった。

それをふまえると、有権者が棄権しないようにするためには、候補者・政策などに関する情報を、有権者に適切に提供することが重要といえる。

そして、もちろん、そのようなことは、候補者が獲得票数を増加させるためにも重要だ。

(2) 不足する候補者情報

ところで、第17回統一地方選挙の際、明るい選挙推進協会は、意識調査を実施した。その中に、候補者情報の不足に関する質問があった、具体的には次のとおりだ、「地方選挙で『候補者の人物や政見がよくわからないために、誰に投票したらよいか決めるのに困る』という声があります。最近の地方選挙で、あなたは、そうお感じになったことがありますか」。

その質問に対して、感じたことが「ある」と回答した割合は50.1％だった。

同様の質問は、過去の調査でもされているのだが、「ある」と回答する割合は高くなってきている。具体的にいうと、「ある」という回答の割合は、第９回統一地方選挙31.6％、第10回統一地方選挙33.1％、第11回統一地方選挙31.3％、第12回統一地方選挙33.8％、第13回統一地方選挙42.3％、第14回統一地方選挙44.0％、第15回統一地方選挙45.3％、第16回統一地方選挙42.8％、そして、第17回統一地方選挙50.1％だ。(140)

もちろん、その理由としては、様々なことが考えられる。

例えば、以下のようなことが考えられる。

候補者が提供している情報自体が少ない。

候補者が提供している情報は多いが、その中に、有権者が必要としている情報が少ない。

候補者が提供している情報は多いが、提供の方法が不適切であるため、有権者に届いていない（候補者のＨＰの中には、文字がびっしり書かれ、読む気が失せるようなものがある。また、複数のソーシャルメディア(141)を使用しているのに、それぞれが独立した状態になっている候補者もいる。第47回衆議院議員総選挙の際、そのような候補者が実際にいた。いたから、書いておいた）。

政党関係を重視して投票する有権者もいるが、候補者個人を重視して投票する有権者もいるのだから、(142)候補者は、有権者に、情報を適切に提供することが重要だ。

当然のことだが、情報提供が適切か否かを判断するのは、有権者だ、候補者ではない。政治家・候補者は、自分が提供している情報が十分か否か、有権者が自分にどのような情報を提供してほしいと思っているか、ということなどを、有権者に聞いてみるのも良いだろう。

（３）候補者とフランチャイジー

ところで、候補者の情報（自分自身の情報）を提供する必要性が、特に高い候補者が存在する。それは、ある選挙区に、同一政党の候補者が複数立候補したときの、その候補者だ。

ある選挙区に同一政党の候補者が複数立候補したときに、その候補者のうちの１人に投票する場合、有権者は、候補者がどのような人かということに基づいて、投票することになる。なぜなら、その場合、同一政党の候補者の中から１人の候補者を選択することになるので、どの政党の候補者かということでは、１人の候補者を選択することはできないからだ。

ある候補者が人気の高い政党の候補者でも、同じ選挙区に同一政党の候補者が複数立候補したときは、同一政党の他の候補者に票をもっていかれてしまったら、その候補者は落選する可能性が高くなる。

例えば、表Ⅴ❶のようなことが起こり得る。

表Ⅴ❶は、定数５の選挙区に、９人の候補者がいた場合の表だ。過去にあった事例を参考にしている。以下、表Ⅴ❶に基づいて、話を進める。

獲得票数の多い順に各党派を並べると、①政党β３２０００票（１８０００票＋１４０００票）、②政党γ３１０００票（１６０００票＋１５０００票）、③政党α１８０００票、④無所属１８０００票、⑤

政党δ10000票、⑥政党ε9000票、⑦政党ζ9000票だ。

そして、候補者が複数いたのが、政党β・政党γであり、それぞれ2人の候補者がいた。具体的にいうと、政党βの候補者がC・F、また、政党γの候補者がD・Eだ。4人のうち当選したのは、C・D・Eの3人だ。Fは落選した。

政党βの方が政党γより獲得票数は多かったが、政党βの方が政党γより獲得議席は少なかった。

政党βの候補者C・F間で、獲得票数を均等配分できていたら、それぞれ16000票を獲得していた(32000票÷2＝16000票)。しかし、実際の獲得票数は、C18000票、F14000票だった。C・F間で、獲得票数の均等配分はできなかった。

政党γの候補者D・E間で、獲得票数を均等配分できていたら、それぞれ15500票を獲得していた(31000票÷2＝15500票)。そして、実際の獲得票数は、D16000票、E15000票だった。D・E間で、獲得票数の均等配分に近いことはできた。

以上のことからわかるように、政党βの候補者C・F間で、獲得票数を均等配分できていたら、すなわち、C・Fがそれぞれ16000票を獲得していたら、両候補とも当選していた。Fにとってはもちろん、政党βにとっても、それが望ましい結果だった。(143)

表V❶定数5、候補者9人の事例

区分	得票数	候補者名	党派
当選	18000	A	政党α
当選	18000	B	無所属
当選	18000	C	政党β
当選	16000	D	政党γ
当選	15000	E	政党γ
落選	14000	F	政党β
落選	10000	G	政党δ
落選	9000	H	政党ε
落選	9000	I	政党ζ

しかし、それは実現しなかった。Cに多くの票をもっていかれてしまったFは、獲得票数が最多の政党βの候補者だったのに、落選してしまった。

Fは、政党βの候補者に投票する有権者から、もっと票を獲得すべきだった。

Fは、同じ政党のCよりも、自分の方が望ましい候補者だと、もっとアピールすべきだった（もっと情報を提供すべきだった）。

ただ、もちろん、C・Fはともに政党βの候補者なので、Fにできることは限られていた。

C・F間の票の奪い合い、すなわち、同一政党の候補者間の票の奪い合いは、同一フランチャイズチェーンのフランチャイジー（加盟店）間の客の奪い合いに似ている（同一フランチャイズチェーンのフランチャイジーが、狭い地域に密集していることがある。例えば、筆者の自宅から10分以内の地域には、某フランチャイズチェーンのフランチャイジーが4店ある。そのような場合、同一フランチャイジー間で、客の奪い合いが生じる）。

例えば、その競争に勝ちたくても、一般に、候補者は自由に政策を採用できるわけではないし、フランチャイジーは自由に商品を採用できるわけではない。

候補者がそんなことをすれば、政党からペナルティを科されるおそれがあるし、フランチャイジーがそんなことをすれば、フランチャイザー（本部）からペナルティを科されるおそれがある。最終的には、そんなことをしたいのであれば、無所属候補になれ、自分で独自に個人店をやれ、ということになる。

しかし、そんなことになってしまうと、政党のブランド・ノウハウ等を利用できなくなるので、候補者は困ることになるし、また、フランチャイザーのブランド・ノウハウ等を利用できなくなるので、フランチャイジーは困ることになる（以上で述べたことをふまえると、異なる政党の候補者間の票の奪い合いは、異なるフランチャイズチェーンのフランチャイジー間の客の奪い合いに似ている。そのことからわかるように、同一政党の候補者間の票の奪い合いと、異なる政党の候補者間の票の奪い合いは、戦い方・状況が大きく違う）。

というように、一般に、同一政党の候補者間の票の奪い合いは、限られた選択肢の中で行うことになる。

そのため、候補者のイメージ戦略や、選択可能な政策の中でどの政策を重視するか、ということなどが、とても重要になる。

なお、政党βの候補者Fが、同一政党の候補者間の票の奪い合いが嫌なのであれば、Fには次のような選択肢がある。①無所属候補になる（個人店を開店する）、②新党ηをつくる（フランチャイズチェーンを自分でつくる）、③他の政党θに移る（他のフランチャイズチェーンに加盟する）。

（4）候補者のイメージ戦略の具体例、アメリカ・韓国・日本

ここで、候補者のイメージ戦略の具体例を2つあげておく。

具体的には、最近のアメリカ大統領選挙・韓国大統領選挙の例だ。

まず、最近のアメリカ大統領選挙の例について。

2012年、アメリカ大統領選挙が実施された。

その選挙で、バラク・オバマ大統領が再選した（なお、2016年、アメリカ大統領選挙が実施されるが、バラク・オバマ氏は出馬しない。アメリカ合衆国憲法修正第22条の3選禁止が、その理由だ。先程、多選制限に関して述べたが、アメリカには、大統領に関する多選制限があるということだ）。

その選挙の際、民主党のバラク・オバマ候補の有力な対立候補は、共和党のミット・ロムニー候補だった。日本でも報道されていたように、ミット・ロムニー候補は資産家だ。

そこで、バラク・オバマ候補の配偶者であるミシェル・オバマ夫人は、Ｐｉｎｔｅｒｅｓｔで家族写真・レシピなどを公開し、庶民性を打ち出し、ミット・ロムニー候補との違いを戦略的に際立たせた(144)（第47回衆議院議員総選挙の際、候補者の配偶者が、インターネットを使って、候補者の選挙戦に協力していることがあった。今後、配偶者が、政治家・候補者のインターネットを使ったイメージ戦略に、積極的に協力することが増えていくかもしれない。政治家・候補者は配偶者と仲良くしておかなければならない。まあ、政治家・候補者に限ったことではないが。また、どういう写真を公開すれば良いかは、Ｐｉｎｔｅｒｅｓｔに限らず、Ｉｎｓｔａｇｒａｍ、ブログ等を色々見たら、参考になるものが見つかるだろう。芸能人、特に、自分と同性・同世代の芸能人のものが参考になりやすいだろう）。

次に、最近の韓国大統領選挙の例について。

２０１２年、韓国大統領選挙が実施された。

その選挙で、朴槿恵（パク・クネ）氏が当選した。

朴槿恵氏の父親は、朴正煕（パク・チョンヒ）元韓国大統領だ。

そのため、朴槿恵氏には、「贅沢な暮らしをしている」「お嬢様」というイメージがあった。

そのようなイメージは、選挙戦では問題となる。

そこで、そのようなイメージを払拭するため、朴槿恵陣営は、自宅の質素な台所でコーヒーをいれる様子など、日常生活の写真を配信した。(145)また、同じ服・靴を大切に使う節約ぶりをＰＲする動画も作成し、

配信した。(146)

両方とも、庶民性をアピールするイメージ戦略だが、そういうイメージ戦略を採用すべきといっているわけではない。そもそも、本物の庶民は、庶民性をアピールするイメージ戦略を採用するまでもなく、庶民性が滲み出ているだろう。

どのようなイメージ戦略を採用すべきかは、各候補者によって違う。

そして、何事もそうであるように、イメージ戦略もやり過ぎはダメだ。

以前、日本で、庶民性をアピールするために、自分の持ち物の価格をいちいちアピールしている大政党の候補者がいたが、わざとらしくて、庶民性を全然感じなかった。その(元)候補者は、政界への興味を失ったわけではないのに、現在、政界にはいないし、近年、選挙に立候補することもないので(選挙に立候補することすらできないので)、やはり、そのイメージ戦略は大失敗だったのだろう。

ということで、ほどほどに。

(5) ビジュアル表現

以上で述べたことはビジュアル表現と関係するので、ここで、それに関して述べる。

写真など、視覚的に訴えるビジュアル表現は、情報を効率的に伝達することができ(ひと目で情報を理解させることができ)、しかも、見た人に強い印象を与えることができる。読んで理解しなければならない文章表現は、それらの点で、ビジュアル表現に劣っている。

だから、効率的に自分のイメージを有権者に伝え、かつ、強い印象を有権者に与えるためには、ビジュ

アル表現が効果的だ。(147)

もちろん、ビジュアル表現のそのような特徴を、政策の説明に生かすこともできる。実際、安倍政権は、集団的自衛権行使の必要性を説明する際、ビジュアル表現を用いていた。(148)

（6）アバターと恋愛禁止アイドル・ISIL（イスラム国）

ここで、視点を変えて、イメージ戦略に関して述べる。

一般に、有権者は、政治家・候補者と直接関わることがない。

そのため、一般に、有権者が、政治家・候補者に関して認識していることは、テレビ・新聞等のマスメディアを通して、認識したことだ。

だから、ある政治家・候補者に関する真実と有権者の認識の間に、ズレが生じる可能性がある。

政治家・候補者に注目して述べたが、政治的現実一般に関して、以上のことはいえる。

例えば、最近注目されているＩＳＩＬ（Islamic State in Iraq and the Levant、イラク・レバントのイスラム国。いわゆるイスラム国のこと）の支配地域の状況を認識している人は多いだろうがＩＳＩＬの支配地域に行ってそれを直接認識したという人はほぼいないだろう。多くの人がそれについて認識していることは、マスメディアを通して、認識したことだ（つまり、ジャーナリストの活動は、人類全体に利益をもたらしている。ジャーナリストがリスクをとらなくなったら、どういうことになるかは、容易にわかるだろう）。

以上のことを逆にいうと、一般に、有権者は、テレビ・新聞等で報道されない政治的現実を、ほぼ認識していない、認識できない、ということだ。

そのため、簡単にいうと、次のようなことが可能だ。

地方政治家αは、高齢者に関する問題に全く関心がない。

実際、在職中、それに関する活動をしていなかった。

ただ、αは、選挙の際、高齢者の票が欲しい。

そこで、選挙が近づいてきたとき、αは、高齢者施設に行き、色々話を聞いた。

ただ、αは全く関心がないので、あっという間に、その話は右の耳から左の耳に抜けていった。αには、何の知識も残らなかった。

しかし、αに残ったものがある。

それは、その日にいっぱい撮影した写真だ。αは、その日、いっぱい写真を撮っていた。

そして、αは、その写真を自分のＨＰのトップページ等に、多数掲載した。

後日、選挙の際、テレビ・新聞等で報道されない候補者αのことを知りたいと思った高齢者βは、αのＨＰを見た。

そこに掲載されている写真を見て、βは、αが高齢者に関する問題に熱心に取り組んでいると思った（ビジュアル表現に関しては、先程述べたとおりだ）。

そこで、βはαに投票した。

αは、インターネット上に、「高齢者に関する問題に熱心に取り組むα」というアバターを作成し、βに自分をそう認識させた、そして、βから票を獲得することに成功した（アバターというのは、自分の分身となるインターネット上のキャラクターのことだ）。

彼氏がいる女の子が、恋愛禁止アイドルというキャラクターをつくって、ファンからお金を巻き上げるのと同じだ。

なお、インターネット上に、候補者がそのようなアバターを作成する場合、どんなアバターを作成しても良い、というわけではない。例えば（どこかの誰かさんのように）、学歴詐称をするのはダメだし、A大学の教授としてiPS細胞の研究をしていたと詐称するのもダメだ。当選を得る目的で、そのようなことをしてはならない、虚偽事項公表罪というものがある〔公職選挙法235条1項〕。(149) なお、公職選挙法が禁止しているのは、虚偽事項の「公表」であり、経歴等の「非公表」は禁止していない。病歴も有権者の判断材料になる可能性はあるが、それを公表する必要はないし、実際、公表している候補者はほとんどいないだろう。そもそも、自分の全てを公表することは不可能だ。また、虚偽事項の公表に関して補足すると、当選を得させない目的で、候補者や候補者になろうとする者に関して、虚偽事項を公表したり、事実を歪めて公表したりすることも禁止されている（公職選挙法235条2項）。そういうことをすると、名誉棄損罪等の法的リスクも負うことにもなる」。

もちろん、そもそも、有権者に迷惑なので、そういうことはすべきではない。

（7）決定時期と当選までのスケジュール

では、有権者への情報提供は、いつ、行えば良いのだろうか。

有権者が特定の候補者に投票するのを決定する前に、情報提供するのが望ましい。

有権者は、いつ、特定の候補者に投票するのを決定するのだろうか。

第16回・第17回統一地方選挙の際、明るい選挙推進協会は、意識調査を実施した。その中に、知事選挙・道府県議会議員選挙・市区町村長選挙・市区町村議会議員選挙に関して、特定の候補者に投票するのを決めた時期を尋ねるものがあった。

表V❷が第16回統一地方選挙の際の調査結果、[150]表V❸が第17回統一地方選挙の際の調査結果だ。[151]表V❸だけではなく、表V❷も示すのは、第16回統一地方選挙の際の調査結果の方が、決定時期が細かく区分されているからだ。

表V❷、表V❸を見ると、投票者の多くが、「選挙期間に入る前から」、あるいは、遅くとも「候補者が出揃った時」には、特定の候補者に投票するのを決定していることがわかる。

具体的にいうと、第16回統一地方選挙の際は、どの選挙に関しても、投票者の70.0％以上が、その時期に決定し、また、第17回統一地方選挙の際は、どの選挙に関しても、投票者の65.0％以上が、その時期に決定している。

また、議員の選挙では、投票者の40.0％以上が、「選挙期間に入る前から」、特定の候補者に投票するのを決定しており、その時期に決定している人が最も多い。議員の選挙と長の選挙を比較すると、議員の選挙の方が、その時期に決定している人の割合が高い（表V❷、表V❸）。

「候補者が出揃った時」に、特定の候補者に投票するのを決定しない人は、選挙運動期間中に、徐々にそれを決定していき（表V❷）、選挙運動期間の最終日に、街頭演説で、候補者が最後のお願いをしている時には、すでに、ほとんどの人がそれを決定している（表V❷、表V❸）。

表V❷第16回統一地方選挙の際の決定時期（数字は選択率。単位は％）

区分	知事選	道府県議選	市区町村長選	市区町村議選
選挙期間に入る前から	28.78	42.69	37.86	46.41
候補者が出揃った時	45.80	34.46	41.26	30.33
投票日1週間前の週末	5.88	5.58	4.37	5.72
投票日の4日以上前	3.36	6.11	4.85	5.85
投票日の2、3日前	5.46	3.01	4.37	2.92
投票日の前日	3.15	6.73	7.28	6.94
投票日当日	6.72	1.42	0.00	1.83

表V❸第17回統一地方選挙の際の決定時期（数字は選択率。単位は％）

区分	知事選	道府県議選	市区町村長選	市区町村議選
選挙期間に入る前から	30.5	41.1	38.1	40.3
候補者が出揃った時	36.4	26.4	29.7	25.6
選挙期間中（投票日の前日まで）	25.1	23.1	20.8	22.3
投票日当日	8.0	8.6	10.2	11.4

政治家・候補者は、以上のことをふまえて、当選までのスケジュールを考えるべきだ。

日頃の政治活動が重要ということは、以上のことから、わかるだろう。

なお、政治活動として、ある主張をインターネット上で発信した場合、それはインターネット上に残るので、あまり威勢のいいことはいわない方が良いかもしれない。内閣不信任案・TPPに関して、醜態を晒した国会議員の姿を思い起こすと、それを納得しやすいだろう。主張の変更は、立候補前の主張を変更する場合も、立候補後の主張を変更する場合も、問題になる。

もちろん、絶対に変更しないのであれば、問題ないが。威勢よく、元気に、主張すれば良い。

自分がどういう人間かは、自分が一番よくわかっているだろう。

4　有権者が考慮する政策課題

（1）選挙で考慮した政策課題、トップ5＋1

ところで、有権者は、どのような政策課題を考慮して、投票しているのだろうか。

第17回統一地方選挙の際、明るい選挙推進協会は、意識調査を実施した。

その調査の中に、考慮した政策課題を、知事選挙・道府県議会議員選挙で投票した人に尋ねるというものがあった。そして、21項目から当てはまるもの全てを選んでもらった結果が、表V❹だ。(152)

表V❹を見るとわかるように、知事選挙で考慮した政策課題として選択率が高かったトップ6は、①「医療・介護」39.4％、②「景気・雇用」38.7％、③「高齢化」34.9％、④「年金」32.6％、⑤「税金」31.0％、⑥「教育」22.3％だ。

また、道府県議会議員選挙で考慮した政策課題として選択率が高かったトップ6は、①「医療・介護」41.0％、②「景気・雇用」38.1％、③「年金」30.6％、④「高齢化」30.5％、⑤「税金」27.2％、⑥「教育」17.4％だ。

要するに、トップ6に入った項目は、知事選挙・道府県議会議員選挙で同じだった、ということだ。

ちなみに、第16回統一地方選挙の際、明るい選挙推進協会は、同様の調査を実施しているのだが、その調査においても、トップ6に入った項目はその6つだった。なお、「教育」は、第17回統一地方選挙の際も、第16回統一地方選挙の際も、知事選挙・道府県議会議員選挙で、選択率の高さが6位だった。そのことをふまえると、トップ5＋1という状態になっているといえる（トップ5が「医療・介護」「景気・雇用」

「年金」「高齢化」「税金」。＋1が「教育」[153]。

それらの政策課題が考慮されなくなる事情はないので、今後も、投票者の多くが、それらの政策課題を考慮して投票することになるだろう。

なお、第15回統一地方選挙の際、明るい選挙推進協会は、選択項目・その数が大きく違うものの、同種の調査を実施している。その際、考慮した政策課題として、選択率が特に高かったのが、「福祉・医療」「景気・物価」だった[154]。

表V❹選挙で考慮した政策課題［各枠内の左側の数字が選択率で、単位は％。() 内の数字は、各選挙における選択率の高さの順位］

区　分	知事選		道府県議選	
医療・介護	39.4	(1)	41.0	(1)
環　境	17.3	(8)	11.4	(9)
教　育	22.3	(6)	17.4	(6)
景気・雇用	38.7	(2)	38.1	(2)
高齢化	34.9	(3)	30.5	(4)
国政の動向	13.0	(9)	10.9	(11)
災害対策	17.8	(7)	13.8	(8)
社会資本整備	4.8	(19)	2.9	(21)
少子化	11.8	(10)	11.4	(9)
食　糧	4.6	(20)	3.5	(20)
税　金	31.0	(5)	27.2	(5)
治　安	7.3	(16)	4.6	(19)
地域振興	10.9	(12)	16.2	(7)
地方議会の改革	6.2	(18)	7.9	(15)
地方自治のあり方	11.2	(11)	10.5	(13)
地方の行政改革	9.8	(13)	10.6	(12)
地方の財政再建	7.7	(14)	8.5	(14)
中小企業対策	7.3	(16)	7.3	(16)
農林水産業の振興	4.1	(21)	5.1	(18)
資源エネルギー	7.7	(14)	5.2	(17)
年　金	32.6	(4)	30.6	(3)

（2）東日本大震災・福島原発事故と有権者

また、第17回統一地方選挙は、2011年4月に実施された。

そして、その1ヶ月前の2011年3月に起こったのが、東日本大震災・福島原発事故だ。

それが影響したのか、第17回統一地方選挙では、「災害対策」の選択率が上昇した。

具体的にいうと、知事選挙における「災害対策」の選択率は、第16回統一地方選挙11.1％、第17回統一地方選挙17.8％だ。

また、道府県議会議員選挙における「災害対策」の選択率は、第16回統一地方選挙9.0％、第17回統一地方選挙13.8％だ。(155)

ただ、それでも、「災害対策」は、第17回統一地方選挙の際、選択率の高さの順位は、知事選挙7位、道府県議会議員選挙8位だ（表Ⅴ❹）。あれ程大きな災害が起こった後でも、その程度、ということだ。逆にいえば、トップ6に入っている選択項目が、それだけ強い、ということだ。

（3）集団的自衛権の争点化と争点投票

ところで、先程述べたように、集団的自衛権行使容認に関しては、地方から反対の声を上げようと、2015年の第18回統一地方選挙で争点化する動きがある。

集団的自衛権行使容認は、主に、「外交・防衛」「憲法改正」に関する政策課題だ。

ただ、「外交・防衛」「憲法改正」は、表Ⅴ❹にはない。つまり、第17回統一地方選挙の際に、明るい選挙推進協会が提示した選択項目の中に、それらはない。第15回・第16回統一地方選挙の際も、なかった。統一地方選挙は、国政選挙ではなく地方選挙なので、それらがなくても仕方がない。

なお、集団的自衛権行使容認に反対の候補者αが当選して、地方政治家になったとしても、普通に考えると、αは、集団的自衛権行使容認を撤回させることはできないし、集団的自衛権行使のための法整備を止めることもできない。なぜなら、法律上、地方政治家にそんな権限はないからだ。だから、普通に考えると、αが当選しても、しなくても、集団的自衛権行使容認に関する結果は同じだ。有権者は、集団的自衛権行使容認に反対というαの主張に惹かれて、αに投票するだろうか、αに投票するためにコストをかけるだろうか。

また、政策（争点）を基準とする投票行動、すなわち、争点投票が生じるためには、①有権者がその争点を重視し、かつ、自分の立場が明確であること、②各政党・各候補者の立場が明確に異なり、かつ、それぞれの立場を有権者が認識していることが必要だ。そして、さらに付け加えるならば、全く守られるあてがない公約に基づいて投票する有権者はいないので、③その政党が政権を獲得した場合に、公約を議会で実現するだけの党内規律が存在していることに対する、最低限の信頼が必要だ。(156)

争点投票の要件②をふまえると、集団的自衛権行使容認の是非に関して争点投票が生じるのを避けたい政党・候補者は、例えば、自分の立場を明確にしなければ良い、ということになる。

また、争点投票の要件①に関しては、地方選挙で、有権者が集団的自衛権行使容認の是非という争点を重視するのか、ということが問題となる。

先程述べたように、集団的自衛権行使容認は、主に、「外交・防衛」「憲法改正」に関する政策課題だ。

そして、「外交・防衛」「憲法改正」は、国政選挙ですら、それほど考慮される政策課題ではない。明るい選挙推進協会によると、2012年の第46回衆議院議員総選挙の際、考慮された問題としての順位は、全18問題中、「外交・防衛」8位、「憲法改正」13位だ。[157] また、同協会によると、2013年の第23回参議院議員通常選挙の際、考慮された問題としての順位は、全19問題中、「外交・防衛」10位、「憲法改正」11位だ。[158]

そのことをふまえると、一般に、地方選挙で、有権者は、集団的自衛権行使容認の是非という争点を重視しにくい、と考えられる。

（4）各世代が選挙で考慮した政策課題

次に、各世代が選挙で考慮した政策課題を見てみる。

表V❹を世代別に見たものが、表V❺、表V❻だ。表V❺が知事選挙に関するもの、表V❻が道府県議会議員選挙に関するものだ。[159]

表V❺、表V❻を見ると、様々なことがわかる。

まず、知事選挙・道府県議会議員選挙のどの世代でも、考慮した政策課題のトップ5は、「景気・雇用」「税金」「医療・介護」「年金」の4つと、「教育」「高齢化」のどちらか1つで構成されている。つまり、トップ5の組み合わせは、次の①②のどちらかだ、①「景気・雇用」「税金」「医療・介護」「年金」「教育」、②「景気・雇用」「税金」「医療・介護」「年金」「高齢化」。そして、20〜39歳のトップ5の組み合わせが①、60歳以上のトップ5の組み合わせが②だ。

表V❺各世代が知事選挙で考慮した政策課題（順位は選択率の高さの順位。数字は選択率、単位は％）

区分	20～39歳		40～59歳		60歳以上	
1位	景気・雇用	48.9	景気・雇用	45.7	高齢化	51.7
2位	税金	33.0	医療・介護	35.7	医療・介護	48.8
3位	教育	30.7	税金	32.9	年金	40.3
4位	医療・介護	22.7	教育	32.1	景気・雇用	29.9
5位	年金	15.9	年金	31.4	税金	28.9

表V❻各世代が道府県議会議員選挙で考慮した政策課題（順位は選択率の高さの順位。数字は選択率、単位は％）

区分	20～39歳		40～59歳		60歳以上	
1位	景気・雇用	42.4	景気・雇用	47.8	医療・介護	51.8
2位	税金	30.3	医療・介護	32.9	高齢化	41.7
3位	教育	26.7	税金	27.2	年金	36.7
4位	医療・介護	21.8	年金	26.1	景気・雇用	30.7
5位	年金	19.4	高齢化	22.8	税金	26.3

以下、各政策課題について述べる。

「景気・雇用」に関して。「景気・雇用」は、知事選挙・道府県議会議員選挙で、同じ傾向を示している。具体的にいうと、順位は、20～39歳、40～59歳で1位、60歳以上で4位だ。また、選択率は、20～39歳、40～59歳では40.0％以上であるのに対し、60歳以上では30.0％くらいだ。60歳以上の中には、定年退職した人が多数含まれるので、そうなっていると考えられる。

「税金」に関して。「税金」は、知事選挙・道府県議会議員選挙で、同じ傾向を示している。具体的にいうと、順位は、20～39歳で2位、40～59歳で3位、60歳以上で5位だ。また、高齢の世代ほど、選択率が低くなっている、つまり、考慮した割合が低くなっている。

「医療・介護」「年金」に関して。「医療・介護」「年金」は、知事選挙・道府県議会議員選挙で、同じ傾向を示している。具体的にいうと、高齢の世代ほど、選択率が高くなっている、つまり、考慮した割合が高くなっている。高齢の世代ほど、それらが身近な問題・現実的な問題になるので、そうなっていると考えられる。また、全ての世代で、5位以内に入っている。

「教育」に関して。「教育」の順位が最も高いのは、知事選挙でも、道府県議会議員選挙でも、20～39歳だ。子育て世代だからだろう。一般に子育てが終わっている60歳以上では、「教育」は5位以内に入っていない、それは、知事選挙・道府県議会議員選挙で同じだ。

「高齢化」に関して。「高齢化」の順位が最も高いのは、知事選挙でも、道府県議会議員選挙でも、60歳以上だ。最も若い世代である20～39歳では、「高齢化」は5位以内に入っていない、それは、知事選挙・道府県議会議員選挙で同じだ。

以上のことをふまえると、有権者は、自分にとって身近な政策課題を考慮して投票する傾向がある、といえる。

（5）有権者が考慮する政策課題の傾向

有権者にそのような傾向があるということをふまえると、ある地域において、その地域の有権者にとって身近な政策課題があれば、有権者の多くは、それを考慮して投票する、と考えられる。

そして、その政策課題が、「景気・雇用」「税金」「医療・介護」「年金」「高齢化」「教育」以外の可能性も、当然ある。

先程、「災害対策」の選択率の上昇に関して述べたが、地域によって、その上昇には違いがあると考えられる。

例えば、東日本大震災・福島原発事故の被災地や、それらと同種の災害によって被害を受けるリスクが高い地域では、「災害対策」の選択率は、先程示した値より大きく上昇していると考えられる。なぜなら、それらの地域の有権者は、「災害対策」を身近な政策課題と判断する、と考えられるからだ。具体的にいうと、津波の被害を受ける可能性が高い地域では、「災害対策」を考慮して投票した人が多いだろう。

また、それ以外にも、「治安」に問題がある地域では、それを考慮して投票する人が多いと考えられる。例えば、不審者情報が多数ある地域では、「治安」を考慮して投票する人が多いだろう。近年、子どもの連れ去りが増加傾向にあることをふまえると、尚更だ。[160] そのような地域では、他の地域より、子育て中の有権者が、「教育」とともに「治安」を考慮して投票することが多いだろう。

視点を変えると、自分にとって身近な政策課題だと有権者に認識させることができれば、有権者はその政策課題を考慮して投票しやすい、ということだ。候補者は、有権者に、ある政策課題を考慮して投票してもらいたいのであれば、その政策課題がいかに身近な政策課題かを、有権者に理解させることが重要だ。すなわち、そのための候補者の説明が重要だ。

なお、候補者の説明に関していうと、候補者がある主張をする場合、その主張の理由をどのように説明するかによって、その主張に関心をもつ人が違ってくる可能性がある。例えば、候補者aが、ある公共事業に反対する場合、税金の無駄使いを理由に反対するか、環境保護を理由に反対するかで、その主張に関心をもつ人は違ってくるだろう。

（6）順番と組み合わせ

以上が、選挙の際、有権者が考慮した政策課題についてだ。

そして、候補者は、全ての政策課題を同列に扱うことはできない。

例えば、ＨＰに、ある政策課題について自らの主張を掲載する場合、当然、最初に掲載するものと、そうではないものがあるし、また、そもそも、ある政策課題について自らの主張を掲載しないこともある。

例えば、「外交・防衛」「憲法改正」について、自らの主張を掲載しない地方選挙の候補者は多数いるだろう。

候補者αは、ＨＰに、「景気・雇用」「教育」「治安」の順番で主張を掲載した。

候補者βは、ＨＰに、「医療・介護」「高齢化」「税金」の順番で主張を掲載した。

候補者γは、ＨＰに、「外交・防衛」「憲法改正」「国政の動向」の順番で主張を掲載した。

候補者δは、ＨＰに、「地方議会の改革」「地方の行政改革」「地方の財政再建」の順番で主張を掲載した。

α・β・γ・δが同じタイプの候補者と思う人は、あまりいないだろう。

α・β・γ・δが同一政党の候補者であっても、α・β・γ・δには明確な違いがある（先程、「一般に、同一政党の候補者間の票の奪い合いは、限られた選択肢の中で行うことになる。そのため、候補者のイメージ戦略や、選択可能な政策の中でどの政策を重視するか、ということなどが、とても重要になる」と述べた。ここで述べたことは、それに関することだ）。

また、組み合わせが同じでも、有権者に与える印象が違ってくる可能性はある。

候補者εは、ＨＰに、「教育」「景気・雇用」「医療・介護」「高齢化」の順番で主張を掲載した。

候補者ζは、ＨＰに、「高齢化」「医療・介護」「景気・雇用」「教育」の順番で主張を掲載した。

ε・ζに、違う印象をもつ有権者がいても、おかしくない。

自分が票を獲得したいと思っている有権者から、最も効率的に票を獲得できるように、政策課題をピックアップし、並べるべきだ。

（7）世代によって異なる賛否

先程、世代によって、考慮する政策課題が違う、ということを述べた。

ただ、世代による違いは、それだけではない。

世代によって、ある政策に対する賛否が大きく違うことがある。

先程述べたように、ＮＨＫは、２０１４年10月31日～11月３日、川内原発の再稼働について、世論調査を実施した。そして、川内原発が位置する薩摩川内市では、川内原発の再稼働に、「賛成」「どちらかといえば賛成」49％、「反対」「どちらかといえば反対」44％だった。また、賛成の理由は、薩摩川内市では「地域の経済の活性化」が最も多かった。

ただ、薩摩川内市におけるその割合は、世代によって大きく違う。具体的には、以下のとおりだ。

20～39歳では、川内原発の再稼働に、「賛成」「どちらかといえば賛成」75％、「反対」「どちらかといえば反対」23％。

40～49歳では、川内原発の再稼働に、「賛成」「どちらかといえば賛成」60％、「反対」「どちらかといえば反対」36％。

50〜59歳では、川内原発の再稼働に、「賛成」「どちらかといえば賛成」59％、「反対」「どちらかといえば反対」38％。

60〜69歳では、川内原発の再稼働に、「賛成」「どちらかといえば賛成」44％、「反対」「どちらかといえば反対」51％。

70歳以上では、川内原発の再稼働に、「賛成」「どちらかといえば賛成」42％、「反対」「どちらかといえば反対」47％。

若い世代ほど、「賛成」「どちらかといえば賛成」の割合が高い。

若い世代で賛成の割合が高くなる傾向は、他の地域でも見られたということだ。(161)

そのような傾向が示された理由に関しては、様々な考え方があるだろう。

ただ、「(地域の）経済の活性化」を若い世代ほど重視することを理由に、そのような傾向が示されたのであれば、同様のことは、他の政策課題に関しても起こり得る。すなわち、「(地域の）経済の活性化」を若い世代ほど重視することを理由に、若い世代ほど、政策αに賛成が多い、政策βに反対が多い、ということが起こり得る。

自分が票を獲得したいと思っている世代が、賛成か、反対か、ということに注意すべきだ。

また、ある政策に対する賛否が世代によって違うことがあるということと、投票率が世代によって違うということをふまえると、次のようなことが起こり得る。

ある地域において、政策γに賛成の人の方が、反対の人より多かった。

ただ、投票率が低い世代の人は、政策γに賛成していた。

そのため、選挙の際、投票した人の中においては、政策γに賛成の人の方が、反対の人より少なかった。

（8）インターネット上での政策論議

また、2013年、ネット選挙が解禁された際、そのメリットとして、双方向性が注目された。(162)

例えば、選挙運動期間中に、インターネット上で、候補者から一方的に情報を発信するだけではなく、有権者からの意見・質問に候補者が直接答えることができる。

一般に、有権者からの意見・質問を候補者が無視するより、それに回答した方が、候補者の印象は良くなる（選挙運動としてではないが、日常的に、インターネットを使って国民とやりとりしている議員もいる。その話題には、うちの犬がどうした、こうした、みたいなことも含まれる）。

では、双方向性をさらに生かし、候補者が、インターネット上で、ある政策について議論するのは、どうなのだろうか。例えば、Ｔｗｉｔｔｅｒを使って、そのようなことができるわけだが、どうなのだろうか。

ある政策に関して、真剣に議論すればするほど、主張が詳細になっていく。

そして、ある候補者の主張が詳細になるほど、それに賛成する有権者が減っていく可能性がある。その可能性は決して低くない（「総論賛成、各論反対」という言葉を思い起こすと、そのことを納得しやすいだろう）。

それを原因として、獲得票数が減少する可能性があるし、落選する可能性もある。

例えば、次のように思われる可能性がある、「あなた（候補者）の主張Ａには賛成だった。だから、あなたに投票しようと思っていた。しかし、よく話を聞いてみると、あなたの主張はA1だ。私はA2が良いと思う。あなたの主張には賛成できない。だから、あなたには投票しない」。

限られた時間の中で、わざわざ真剣に政策論議をしたのに、それを原因として、獲得票数を減らしてしまい、落選してしまったら、悲劇だ。

ところで、ネット選挙解禁の際、候補者・有権者間で、政策論議が活発に行われるようになる、という期待をしている人がいた。しかし、蓋を開けてみれば、そういうことにはならなかった。インターネットは、主に、街頭演説の告知・活動の紹介等に利用された。[163] そして、その後の選挙でも、その状況に大きな変化はない。2014年の第47回衆議院議員総選挙でも、候補者・有権者間で、政策論議が活発に行われていたということはない。①候補者が、炎上[164]のリスクを回避しようとしていることや、②候補者が忙しいということ、すなわち、候補者は、インターネット上で政策論議をしているほど暇ではないということ等を理由に、そういう状況になっていると考えられる。

その状況に関して、政策論議をすべきとはいわない。ただ、活動の紹介をする場合、どうせそれをするなら、それを見た人がどう思うか・イメージ戦略を考慮に入れた方が良い。例えば、写真なしで活動を報告するのと、写真ありでそれを報告するのとでは違うし、また、その写真をどのようなものにするかでも違う、何が違うのかといえば、それを見た人に与える印象が違うし、そもそも、それを見てもらえるか否かにも影響する。写真に関する例をあげたが、もちろん、写真と動画でも違う。

「自分（候補者）が駅前で街頭演説をしているのに、誰も足を止めていない」という様子を撮った写真を、インターネット上に掲載している候補者がいたが、いくらなんでも、それはまずいだろう。「有力な候補者ではない」という印象を、有権者に与えてしまうおそれがある（もちろん、その候補者は、有権者にそのような印象を与えたいと思っていなかっただろう。街頭演説をしました、という報告をしたかっただけだろう。街頭演説に人が集まらないのはいつものことなので、多分、特に何も考えず、日常的な様子として掲載してしまったのだろう）。

近くから候補者を撮影し、その写真を掲載すれば、そういうことにはならない（先程、ある主張をインターネット上で発信した場合、それはインターネット上に残る、と述べた。もちろん、インターネット上に掲載した写真も残る。また、ある政治家・候補者の名前で検索すれば、関連画像がすぐにでてくる。それが何を意味するかというと、インターネット上で継続的にイメージ戦略を展開しておけば、それが選挙の際に生きる、ということだ）。

以上のことに関して補足すると、選挙の際、各政党は、獲得票数を増加させるために、最大公約数的な政策や、曖昧な政策を打ち出しがちになっている。(165) そういう現実の中、わざわざ真剣に政策論議をして、詳細な政策を打ち出すということが、当選という目標を達成するために合理的か否か、よく考えた方が良い。もちろん、合理的な場合はない、といっているわけではない。ケースバイケースだ。

また、もちろん、政策は可能な限り曖昧にすべきだ、といっているわけではない。極端なことをいえば、「地域の景気を良くします」とだけいっても、有権者がそれで投票してくれるとは、到底思えない。

そして、以上で述べたことは、簡単にいうと、過度に詳細な政策を主張することに関するデメリットについてだ。

だから、そのような主張をすることにならない政策論議なら、問題ない。

例えば、仲が良い著名人とパフォーマンス的に政策論議をするのは、問題ない。しかも、そのようなことをすれば、自分の知名度アップにつながる可能性もあるし、有権者からの信用を得ることにつながる可能性もあるし、主張している政策の妥当性を補強することにつながる可能性もある（つなげたいのであれば、つながるか否かを考慮に入れて、相手を選択する必要がある）。

（9）政策隠し

なお、先程、選挙の際、各政党は、獲得票数を増加させるために、最大公約数的な政策や、曖昧な政策を打ち出しがちになっていると述べた。ただ、それだけではなく、そのために、ある政策が政権公約（マニフェスト）に記載されないこともある。つまり、獲得票数を増加させるために（獲得票数を減少させないために）、政党が、選挙の際、ある政策を隠してしまうこともある。[166]

地方選挙の候補者レベルでも、同様のことが起こる可能性がある。例えば、「あの候補者は、今まで度々、〜の集会で〜といっていたし、今回の選挙でも、同様の主張をしている団体から支援されているのに、選挙になったら、それを全くいわないいんだな。少なくとも、一般の有権者の前では」ということが起こり得る。[167]

一般に、候補者は、当選するために立候補しており、当選するためには、獲得票数を増加させた方が良い。そのため、選挙の際、候補者が、当選という目標を達成するための合理的選択をすると、獲得票数が増加すると考えられる主張はして、獲得票数が減少すると考えられる主張はしない、ということになる。

だから、地方選挙の候補者に関して、そのようなことが起こったら、その候補者は、その政策を主張すると獲得票数が減少すると自覚している可能性がある（もちろん、他の可能性もある）。

　ということをふまえると、他の候補者が、その候補者を攻撃する場合、そこが攻撃するポイントの１つになり得る。公開討論会等で、突然、そこを具体的に指摘すると、おもしろいことになるかもしれない。

Ⅵ　おわりに

以上が、本書のテーマについてだ。

最初に述べたように、立候補を検討するとき、選挙戦略をたてるとき、地方選挙に関する問題点を考えるときなどに、役立つと幸いだ。

住民の日常生活に密着している地方政治がより良くなること、また、選挙権・被選挙権に関する制限や選挙運動規制が緩和され、開かれた政界になることを祈りつつ、本書を終わる。

〈注〉

（1）総務省自治行政局選挙部『平成23年4月執行地方選挙結果調』（2012年）4頁～5頁参照。

（2）1947年4月の第1回統一地方選挙では、戦後の新しい地方自治制度の発足に伴い、全ての地方公共団体の長・議員の選挙が全国一斉に実施された。しかし、その後の市町村の合併、長の死亡・辞職、議会の解散などによって、統一率は下がってきている。2011年の第17回統一地方選挙では、全国1794の地方公共団体のうち13.3％に当たる239団体で首長選挙が実施され、また、41.5％に当たる744団体で議員選挙が実施され、統一地方選挙の執行件数（無投票を含む）は、前回の1116件から983件になり、統一率は29.8％から27.4％に低下した［明るい選挙推進協会『第17回統一地方選挙全国意識調査―調査結果の概要―』（2012年）24頁］。なお、統一地方選挙は、4年に1度実施される。

（3）総務省自治行政局選挙部『平成25年7月21日執行第23回参議院議員通常選挙結果調』（2013年）3頁。

（4）重複立候補とは、ある候補者が、小選挙区選挙と比例代表選挙の両方に立候補すること。

　重複立候補は衆議院議員総選挙で採用されている制度であり、参議院議員通常選挙では採用されていない。つまり、参議院議員通常選挙では、選挙区選挙と比例代表選挙の両方に立候補することはできない。

（5）比例単独候補とは、小選挙区選挙には立候補せず、比例代表選挙だけに立候補した候補者のこと。

（6）総務省自治行政局選挙部『平成26年12月14日執行衆議院議員総選挙・最高裁判所裁判官国民審査結果調』（2014年）3頁。

（7）総務省自治行政局選挙部・前掲注（1）8頁。

（8）表Ⅱ❶は、総務省自治行政局選挙部・前掲注（1）12頁に基づいて、筆者が作成した。

(9)総務省自治行政局選挙部・前掲注(1)8頁。
(10)表Ⅱ❷は、総務省自治行政局選挙部・前掲注(1)12頁に基づいて、筆者が作成した。
(11)総務省自治行政局選挙部・前掲注(1)8頁。
(12)表Ⅱ❸は、総務省自治行政局選挙部・前掲注(1)12頁に基づいて、筆者が作成した。
(13)総務省自治行政局選挙部・前掲注(1)8頁。
(14)表Ⅱ❹は、総務省自治行政局選挙部・前掲注(1)12頁に基づいて、筆者が作成した。
(15)総務省自治行政局選挙部『平成19年4月執行地方選挙結果調』(2008年)10頁。
(16)総務省自治行政局選挙部・前掲注(1)8頁。
(17)表Ⅱ❺は、総務省自治行政局選挙部・前掲注(1)12頁に基づいて、筆者が作成した。
(18)総務省自治行政局選挙部・前掲注(1)8頁。
(19)表Ⅱ❻は、総務省自治行政局選挙部・前掲注(1)12頁に基づいて、筆者が作成した。
(20)総務省自治行政局選挙部・前掲注(1)8頁。
(21)表Ⅱ❼は、総務省自治行政局選挙部・前掲注(1)12頁に基づいて、筆者が作成した。
(22)総務省自治行政局選挙部・前掲注(1)8頁。
(23)表Ⅱ❽は、総務省自治行政局選挙部・前掲注(1)12頁に基づいて、筆者が作成した。
(24)総務省自治行政局選挙部・前掲注(1)8頁。
(25)表Ⅱ❾は、総務省自治行政局選挙部・前掲注(1)12頁に基づいて、筆者が作成した。
(26)総務省自治行政局選挙部・前掲注(1)8頁。
(27)表Ⅱ❿は、総務省自治行政局選挙部・前掲注(1)12頁に基づいて、筆者が作成した。
(28)総務省自治行政局選挙部・前掲注(15)12頁、総務省自治行政局選挙部『平成15年4月執行地方選挙結果調』

（2004年）12頁。

(29) 内閣府『高齢社会白書平成26年版』によると、日本の高齢化率（総人口に占める65歳以上人口の割合）は、2013年25.1%だ。

高齢化率が、7.0%を超えた社会を高齢化社会、14.0%を超えた社会を高齢社会、21.0%を超えた社会を超高齢社会とする見解に基づくと、間違いなく、日本は超高齢社会だ。

そして、日本の高齢化率は、今後も上昇していく。2060年には、高齢化率が39.9%になるという推計がある［内閣府『高齢社会白書平成26年版』（日経印刷、2014年）5頁、12頁、総務省『平成25年版情報通信白書』（日経印刷、2013年）245頁、江澤和雄「『超高齢社会』における高齢者の学習支援の課題」レファレンス2013年8月号（2013年）6頁］。

(30) 佐藤令ほか『主要国の各種法定年齢――選挙権年齢・成人年齢引下げの経緯を中心に』（国立国会図書館調査及び立法考査局、2008年）30頁～34頁参照。

(31) 被選挙権年齢に上限を設ける前例は、カナダ・イランにある［佐藤ほか・前掲注（30）33頁～34頁］。

(32) 朝日新聞HP「自民、福島知事選で相乗り模索 原発の争点化回避狙う」、毎日新聞HP「選挙：福島県知事選 自民党本部、相乗り『争点隠し』復興・原発、影響避け」、47NEWS HP【福島県知事選挙】各党相乗りに失望の声も 目に見える復興必要」、47NEWS HP「自民、福島県知事選で相乗り要請 本部が県連に」、産経新聞HP「福島県知事選で揺れる自民 相乗り目指す党本部vs県連は独自候補」。

(33) 総務省自治行政局選挙部・前掲注（15）8頁、総務省自治行政局選挙部・前掲注（28）8頁。

(34) 総務省統計局『人口推計――平成26年8月報――』（2014年）。

本文で後述する表Ⅳ❶、表Ⅳ❷で具体的に示すが、20歳以上の日本人の中の女性の割合・25歳以上の日本人の中の女性の割合・30歳以上の日本人の中の女性の割合は、いずれも50.0%を超えている［総務省統計局・同注

（34）参照〕。選挙権年齢・被選挙権年齢をふまえ、それらの割合に注目した。選挙権年齢・被選挙権年齢に関しては、本文で後述する。

（35）表Ⅱ⓫は、総務省自治行政局選挙部・前掲注（1）9頁に基づいて、筆者が作成した。

（36）例えば、1995年2月14日、第132回国会参議院労働委員会で、西岡瑠璃子参議院議員（当時）は次の発言をした。「お聞きをしておりまして私もそれはもっともかなとも思っておりましたけれども、局長の御答弁を伺って、一人一人の『女性が輝く社会』の実現のために、そして高齢化、少子化への対応、また働く女性のみならず、すべての女性がさまざまな形で社会参加をしていく、そういった形での何かをやらなければならない、そして、アジアで初めての世界女性会議が北京で開かれることももう決まっておりますので、仮称ではありますけれども、何としてもこの入れ物はつくらなくてはならないのではないかというふうなことをおっしゃったわけです。女性が参政権を得て五十年、半世紀という節目を迎えるにふさわしい記念事業となるようなことであれば、多くの女性も賛同すると私は思います」（『』は筆者が付けた）。

（37）例えば、2014年10月31日、第187回国会衆議院地方創生に関する特別委員会で、安倍晋三首相は次の答弁をした。「本質的な議論を交わしていくということについては私も大いに賛成でございますので、当委員会においても、地方創生について、まさに異次元の地方創生とは何かということについて、これはまさに与野党の壁を取り払って中身のある実質的な議論を進めていただきたい、このように思いますし、『女性が輝く社会』をつくっていくということについても、我々は真剣に取り組んでいるところでございますし、また、『女性が輝く社会』をつくっていくことができなければ日本の未来はない、このように考えているところでございます」（『』は筆者が付けた）。

（38）総務省自治行政局選挙部・前掲注（1）8頁〜9頁。

（39）総務省自治行政局選挙部・前掲注（1）9頁。

(40) 表Ⅲ❶は、総務省自治行政局選挙部・前掲注（1）26頁に基づいて、筆者が作成した。

(41) 本文で述べたように、タレント候補は、しばしば、参議院議員比例代表選挙で擁立される。その背景には、以下のようなことがある。

まず、タレント候補は看板をもっているので、すなわち、知名度をもっているので、全国的に多くの票を獲得することができる。逆にいえば、そのようなことをできないタレントが、参議院議員比例代表選挙でタレント候補になるのは困難だ。そんなタレントは、御呼びでない。

また、タレント候補はもともと高い知名度をもっているので、知名度を上げるためのコストがかからない。そこで、政党はタレント候補を好む。

そしてまた、参議院議員比例代表選挙では、有権者は、政党名か名簿に掲載されている候補者個人名のどちらかに投票する。そして、各政党の議席数は、政党名と個人名の得票数の合計に応じて配分される。そのため、政党は、タレント候補を擁立して、その候補に大量得票させることによって、自らの議席数を増加させることができる。わかりやすくいうと、タレント候補を擁立した政党は、ファンがそのタレント候補に投じた票によって、自らの議席数を増やせるということだ。タレント候補のファンが、そのタレント候補の所属政党を支持していなくても、それどころか嫌っていても、そのタレント候補に投票すると、そういうことになる。参議院議員比例代表選挙が、票の横流しの制度と批判される所以は、そこにある。

(42) 国政選挙においては、風に乗って当選した小泉チルドレン（第44回衆議院議員総選挙）や小沢ガールズ（第45回衆議院議員総選挙）の多くが目立った働きのないまま、その次の選挙で淘汰された［日本経済新聞ＨＰ「アベノミクスに通信簿つける選挙」］。

(43) 総務省自治行政局選挙部・前掲注（15）27頁、総務省自治行政局選挙部・前掲注（28）25頁。

(44) 総務省自治行政局選挙部・前掲注（15）27頁、総務省自治行政局選挙部・前掲注（28）25頁。

(45) 多選とは、同じ人が選出されること。

(46) 三輪和宏「諸外国の多選制限の現況」レファレンス２００７年７月号（２００７年）88頁。
また、１９９７年の地方分権推進委員会『第２次勧告』には次の記載がある、「今後、地方分権の進展に伴い、地方公共団体の首長の権限・責任が相対的に増大する一方、首長選挙における投票率の低さ、無投票再選の多さ、各政党の相乗り傾向の増大は、首長の多選が原因の一端であるとして問題視する向きも多い。このため、首長の選出に制約を加えることの憲法上の可否を十分吟味した上で、地方公共団体の選択により多選の制限を可能とする方策を含めて幅広く検討する」。

なお、多選制限の合憲性に関して、首長の多選問題に関する調査研究会は次の見解をとりまとめた、「法律に根拠を有する地方公共団体の長の多選制限については、必ずしも憲法に反するものとは言えない（中略）。したがって、この問題は、すぐれて立法政策に属する問題として位置づけられるところである」［首長の多選問題に関する調査研究会『首長の多選問題に関する調査研究会報告書』（２００７年）21頁］。

(47) 首長の多選問題に関する調査研究会・前掲注(46)、三輪和宏「諸外国の多選制限の歴史」レファレンス２００７年６月号（２００７年）参照。

(48) 議員の目標は、再選・昇進・政策の実現だ［伊藤光利『ポリティカル・サイエンス事始め』（有斐閣、第３版、２００９年）241頁］。

(49) ２００４年６月２日、第159回国会衆議院決算行政監視委員会で、小泉純一郎首相（当時）は次の答弁をした。
「社員はこうだと言いますけれども、人生いろいろ、会社もいろいろ、社員もいろいろです。全部社員が同じように、一定の時間に会社に出て、一定の時間に会社を退出して、そして机を並べている社員も多いでしょう。しかし、うちにいてもいいよ、あるいは、海外旅行してもいいですよという会社もあるんです。それでも社員です。恐らく岡田さんの関係の会社だって、全部社員が同じように働いているという社員ばかりじゃないと思いますよ」。

(50) 野中俊彦ほか『憲法Ⅰ』(有斐閣、第5版、2012年)544頁は、多くの選挙人が適任者を選ぶのだから、被選挙権に関して年齢制限を設ける必要はなく、少なくとも、選挙権の年齢と同一で良いという見解もあるが、議員としての職務の遂行には選挙人のそれよりも一般的に高い年齢が必要であるとみて、そのような年齢制限がされているのだろう、とする。

長谷部恭男『憲法』(新世社、第3版、2004年)303頁は、年齢制限等に関し、選挙権よりも被選挙権の方が厳しい制限をされている理由として、選挙の結果、公職に就く者が直接国政にたずさわる重要な地位を得ることをあげる。

(51) 14歳のとき、マララ・ユサフザイ氏はFacebookで自らを「政治家」と表現していた[Newsweek HP「タリバンが暗殺したがった14歳少女 Why Did The Taliban Shoot This Girl?」]。

(52) 首相官邸HP「平成26年9月29日第百八十七回国会における安倍内閣総理大臣所信表明演説」。

(53) 直接民主制は、国民が直接政治を行う制度。

(54) 野中俊彦ほか『憲法Ⅱ』(有斐閣、第5版、2012年)9頁。

2013年6月13日、第183回国会衆議院憲法審査会で、橘幸信衆議院法制局法制企画調整部長(当時)は次の答弁をした。「民主主義というのは、デモクラシー、すなわち、デモスによるクラティア、民衆による統治ということでございますので、これを別の言葉で言えば、みずからを統治する自治、自己統治ということになると思います。そういたしますと、理念的には、人民みずからが直接にみずからを統治する、統治行為に参画するということになるわけですから、直接民主制がその基本となるべきことが導かれると思います」。

(55) 代表民主制(間接民主制)は、国民の中から代表者を選び、その代表者が国民に代わって政治を担当する制度。

(56) 野中ほか・前掲注(54)9頁~10頁参照。

(57) 2001年6月6日、第151回国会衆議院政治倫理の確立及び公職選挙法改正に関する特別委員会で、遠藤和良総務副大臣(当時)は次の答弁をした。「選挙権と被選挙権の年齢に区別を設けておりますのは、社会的経験に基づく思慮と分別ということを期待したものでございまして、この年齢がそれぞれ適当であるとされているわけでございます」。

また、選挙権年齢を「25歳以上」から「20歳以上」に引き下げる際、1945年12月12日、第89回帝国議会貴族院本会議で、堀切善次郎内務大臣(当時)は、次の趣旨の答弁をした、「満20年に達した青年は、国政参与の能力・責任観念において、欠けるところがない」[佐藤ほか・前掲注(30)4頁参照。原文を見たい場合は、国立国会図書館帝国議会会議録検索システムで、それを見られる]。

(58) 飯田泰士『成年被後見人の選挙権・被選挙権の制限と権利擁護——精神・知的障害者、認知症の人の政治参加の機会を取り戻すために』(明石書店、2012年)参照。

(59) 日本学術会議政治学委員会政治過程分科会『提言 各種選挙における投票率低下への対応策』(2014年)、2012年3月2日、野田佳彦首相「衆議院議員馳浩君提出若年層における選挙の低投票率に関する質問に対する答弁書」。

(60) 表Ⅲ❷は、総務省自治行政局選挙部・前掲注(28)25頁に基づいて、筆者が作成した。また、表Ⅲ❸は、総務省自治行政局選挙部・前掲注(15)27頁に基づいて、筆者が作成した。

なお、表Ⅲ❷に関して、次のことを述べておく。再選挙が後日実施されることになったので、④指定市長の新人・全体の当選率が0.0%になっている。ちなみに、その再選挙には、新人4人が立候補し、1人が当選したので、新人・全体の当選率は25.0%だった。

(61) テレビ朝日HP「〝号泣〟野々村元兵庫県議 詐欺容疑で書類送検へ」、JCASTニュースHP「別の兵庫県議がマスコミから逃走して話題に その後に不正支出疑惑を否定」、朝日新聞HP「政活費400万円返還へ 兵庫県議20人が不適切支出」、CNN HP「東京都議会で女性議員にセクハラやじ」、日本テレビHP「LINEトラブル 山本府議に離団を命令」。

(62) 2013年、自由民主党参議院幹事長(当時)の脇雅史参議院議員の次の発言が報道された。「今の制度は政党の段階で候補者の選び方が未熟だ。政党が本当に正しい意味で国会議員を選べるか。これさえしっかりしていれば、あまり大きな声では言えないが、選ぶ人がアホでも、選ばれる人は立派だ」[朝日新聞HP「『選ぶ人がアホでも』自民参院幹事長、有権者軽視?」]。

(63) 川人貞史ほか『現代の政党と選挙』(有斐閣、新版、2011年)194頁~195頁。
ヒューリスティックを用いた意思決定は、政治的洗練度の低い有権者だけではなく、政治的洗練度の高い有権者もしばしば行う。政治的洗練度の違いは、より適切な場面で、より適切なヒューリスティックを使えるかどうかという点に表れる[川人ほか・同注(63)195頁~196頁]。

(64) 実際、地方議会議員の候補者不足に関する報道がされている。
まず、2014年1月、次の報道がされた、「公明党は、所属議員の在職期間を原則『24年間』に制限する規定を新設した。世代交代を促すためで、ベテランの北側一雄副代表(当選7回)や斉藤鉄夫税制調査会長(同)が次期総選挙で抵触する。定年は『任期中に66歳を迎えない』から『69歳』に引き上げる。国会議員と地方議員が対象で、来春の統一地方選から適用する。党内では所属議員の高齢化が課題になっており、新たな規定は多選の弊害を防ぐ狙いがある。『66歳定年制』には、参院議員(任期6年)の山口那津男代表(61)や衆院議員の井上義久幹事長(66)がすでに抵触しているが、例外として認めてきた。【一方で、『地方議員のなり手がなかなかいない』(党幹部)という事情もあり】、66歳超の議員を認めることにした」[朝日新聞HP「公明、議員在職24年に制限 定年は69歳に引き上げ」。【】は筆者が付けた]。

また、2015年1月、次の報道がされた、「都市部で自治体議会が荒れたり、議員が不祥事を起こしたりするケースが目立つ。無党派層の有権者が政党の訴えに共鳴し、突風のような追い風で資質を欠く議員が多数誕生することが、背景の一つとみられる。【地方で議員のなり手不足が深刻化する一方】、都市部は『風の副作用』に苦しんでいる」［毎日新聞HP「〈自治体議会〉都市部『風』頼みで議員団自滅」。【】は筆者が付けた］。

(65) 毎日新聞HP「維新：増殖139団体……橋下効果に便乗『まね』逆効果も」参照。

(66) 表Ⅲ❹は、総務省自治行政局選挙部・前掲注(1)22頁に基づいて、筆者が作成した。
自由民主党・公明党・民主党・みんなの党・日本共産党・社会民主党・無所属以外に関しては、すなわち、諸派等に関しては、総務省自治行政局選挙部・前掲注(1)22頁参照。

(67) 表Ⅲ❺は、総務省自治行政局選挙部・前掲注(1)22頁に基づいて、筆者が作成した。
自由民主党・公明党・民主党・みんなの党・日本共産党・社会民主党・無所属以外に関しては、すなわち、諸派等に関しては、総務省自治行政局選挙部・前掲注(1)22頁参照。

(68) 総務省自治行政局選挙部・前掲注(15)23頁、総務省自治行政局選挙部・前掲注(28)21頁。

(69) 総務省自治行政局選挙部・前掲注(1)10頁。

(70) スティーブン・R・リード「並立制における小選挙区候補者の比例代表得票率への影響」選挙研究18号(2003年)9頁、建林正彦ほか『比較政治制度論』(有斐閣、2008年)97頁。

(71) なお、獲得票数の増加が獲得議席の増加につながらない場合も考えられる。
ある政党が参議院議員通常選挙のある複数区に複数候補者を擁立するとき、その複数候補者が異なるタイプの候補者である場合、国民の様々なニーズに応えることができる。そのため、その選挙区におけるその政党の(候補者の)獲得票数が増加することが予想されるし、それに伴い、比例代表選挙におけるその政党の獲得票数が増加することが予想される。しかし、その複数候補者間で票が割れてしまい、結果として、その政党の候補者がその選挙区で1人も当選しなくなってしまい(つまり、共倒れになってしまい)、しかも、比例代表選挙にお

ける その政党の獲得議席が増加しない可能性がある。

具体的には、次のとおりだ。ある4人区（改選は2議席）で、政党α、政党β、政党γがそれぞれ候補者を1人擁立した場合、政党αの候補者が10、政党βの候補者が9、政党γの候補者が8の票を獲得し、政党αの候補者と政党βの候補者が当選する。その4人区（改選は2議席）で、政党αが候補者を2人、政党βと政党γがそれぞれ候補者を1人擁立した場合、政党αの2人の候補者が6と6（合わせて12）、政党βの候補者が8、政党γの候補者が7の票を獲得し、政党βの候補者と政党γの候補者が当選することになってしまい、しかも、政党αの比例代表選挙における獲得議席も増加しない可能性がある。

つまり、参議院議員通常選挙のある複数区に複数候補者を擁立するという選挙戦略は、獲得票数の増加という政党の利益にかなっても、獲得議席の増加という政党の利益を損なう可能性がある。そこで、政党は、参議院議員通常選挙のある複数区に複数候補者を擁立するか否かで迷うことになる。

そして、獲得議席の増加が主たる利益で、獲得票数の増加は獲得議席の増加のための従たる利益だ。そのため、参議院議員通常選挙のある複数区に複数候補者を擁立するという選挙戦略が、獲得票数の増加という政党の利益にかなっても、獲得議席の増加という政党の利益を損なってしまっては、元も子もない［飯田泰士『新法対応！ネット選挙のすべて 仕組みから活用法まで』（明石書店、2013年）181頁～182頁参照］。

共倒れの可能性は、地方選挙の大選挙区（1選挙区から、2人以上を選出する選挙区）にもある。具体的にいうと、本文で後述する表V❶の事例で、政党αが、Aだけではなく J も擁立していたら、A・Jが共倒れする可能性がある。例えば、A・Jが、それぞれ9000票を獲得することになったら、両候補とも落選だ。
(72) 空白区とは、候補者を擁立しない選挙区のこと。
(73) 公明党と創価学会の関係は、政党と支持団体の関係だ［公明党HP「よくあるご質問 公明党と創価学会の関係は？」］。

創価学会の組織票に関しては、毎日新聞ＨＰ「２０１３参院選：あすのかたち 序盤情勢 毎日新聞総合調査島村氏、優位な戦い／神奈川」、読売新聞ＨＰ「〈中〉守りの議席目標 波紋」参照。

(74)２０１４年12月、次の報道がされた、「なりふり構わない自公連携に、他党は警戒感を隠さなかった。公明票は『投票率に連動する労組票と違い、必ず一定に出てくる』（民主関係者）と言われる。民主候補の陣営からは終盤、『自民よりずっと公明のほうが怖い』との声も漏れた」〔読売新聞ＨＰ「【衆院選検証】自民、実感なき勝利」〕。

(75)２０１４年11月、次の報道がされた。「自民党選対は今回の衆院選を浮動票が大きく動く『風』頼みではなく、組織中心の戦いになるとみて動いている。このため、来年4月に統一地方選を控える地方議員と、『小選挙区に平均2万票』といわれる公明党の支持母体・創価学会の集票力への期待は大きい」〔読売新聞ＨＰ「〈中〉守りの議席目標 波紋」〕。

２０１４年12月、次の報道がされた。「自民党は多くの小選挙区で、2万～3万票の基礎票を持つとされる公明党の支持母体・創価学会の支援を受けている」〔毎日新聞ＨＰ「衆院選：公明、存在感維持探る 平和志向や弱者支援強調」〕。

(76)２０１４年12月、次の報道がされた。「最後に自民が頼ったのが連立パートナーの公明党だった。選挙戦最終日の13日夕のJR津田沼駅前。行き交う大勢の買い物客を前に止まった公明の選挙カーの上には、2区の自民候補・小林鷹之氏がいた。『どうしても言わなきゃいけないことがある』と切り出し、『比例は公明』と大声で3回繰り返した。一種の反党行為として、かつては『禁じ手』とも言われたが、今回は多くの県内自民候補が、公明への比例選投票を公然と呼びかけた。県連は公明から選挙区で支援をもらい、代わりに比例選での協力を約束していた。（中略）読売新聞社と日本テレビ系列各局が14日に実施した出口調査では、小選挙区で自民候補に投票した人のうち14％が比例選で公明に入れた。投票率低下にもかかわらず、公明は県内比例票を前回に比べ約2万5000票伸ばし、南関東ブロックで目標の3議席を獲得。自民県連幹部は『上乗せ分は自民票だ』とアピールする」〔読売新聞ＨＰ「【衆院選検証】自民、実感なき勝利」〕。

(77)飯田泰士『集団的自衛権──2014年5月15日「安保法制懇報告書」／「政府の基本的方向性」対応』（彩流社、2014年）41頁〜47頁参照。

(78)日本経済新聞ＨＰ「公明・共産、組織票で躍進 低投票率が後押し」、日本経済新聞ＨＰ「漂う有権者 半数が棄権 無党派層は分散、組織政党有利に」参照。

(79)利益団体の組織票・政治的影響力に関して、2014年12月、次の報道がされた。「衆院選で、東海四県（愛知、岐阜、三重、静岡）の中部電力管内から小選挙区で出馬した民主党候補者二十五人のうち少なくとも十八人が、民主党の支持母体である連合傘下の中電労組（組合員一万五千人）と『核燃料サイクル』の推進や『原子力の平和利用』を明記した政策協定を結んでいたことが中日新聞社の調べで分かった。協定は、労組が候補者を『推薦』するかどうかを決める際の条件だが、同党は衆院選公約で二〇三〇年代の原発ゼロを掲げている。（中略）推薦を受けた岐阜の候補者は、政策協定と党の方針は『矛盾しない』と回答。再生可能エネルギーの供給量を現在の需要に見合うよう即時に引き上げるのは『時間がかかりすぎる』ことを理由に挙げた。静岡の候補者は『現実的にゼロを目指すことが大事。原発で働く人の生活の保障は当然だ』と話した。一方、『党の脱原発の方針と矛盾する』として労組との協定を結ばない愛知の候補者もいた。推薦があれば、票のとりまとめや陣営スタッフの派遣を受けられる。ある陣営関係者は『労組の票は固い。自民に勢いがある現状では、固定票として、のどから手が出るほどほしい』と打ち明ける。中電労組は、一二年十二月の前回衆院選でも、民主党の候補と協定を結び、大半に推薦を出している。労組幹部は『われわれが必要と考えるエネルギー政策にご理解いただける候補を応援するのは当然だ』と話している」〔中日新聞ＨＰ「民主候補が原発推進協定 中電労組と東海の18人」〕。

(80)川人ほか・前掲注(63)171頁～173頁。
　なお、女性の方が男性より無党派層が多く、また、低年齢層ほど無党派層が多い［川人ほか・前掲注(63)173頁］。
(81)森裕城「選挙過程における利益団体の動向……二〇〇五年衆院選・二〇〇七年参院選の分析とＪＩＧＳ２調査の報告」同志社法学60巻5号（２００８年）45頁。
(82)総務省自治行政局選挙部・前掲注（１）14頁。
　なお、統一地方選挙に関しては、都市化があまり進んでいないところほど投票率が高い、という傾向がある［明るい選挙推進協会・前掲注（２）25頁］。
(83)明るい選挙推進協会ＨＰ「地方選挙 統一地方選挙の投票率推移」。
(84)表Ⅲ❻は、総務省自治行政局選挙部・前掲注（１）14頁に基づいて、筆者が作成した。
(85)総務省自治行政局選挙部・前掲注（１）14頁。
(86)森・前掲注(81)47頁。
(87)ＮＴＴ労働組合データ本部ＨＰには次の記載がある、「組織内候補とは、労働組合が自分たちの掲げる政策を実現する目的で、組合が責任を持って国会や地方議会に送り出す組合員・特別組合員の候補者のことだよ」［ＮＴＴ労働組合データ本部ＨＰ「Ｌｅｓｓｏｎ88組織内候補」］。
　また、２０１３年7月、朝日新聞は次の報道をした、「個人名の得票順に当選が決まる比例区には、組織が支援する候補が顔をそろえる。自民党は看護連盟や医師連盟、民主党は労働組合出身者らがいる。こうして誕生した参院議員は、組織のために働く」［朝日新聞ＨＰ「（良識の府どこへ）組織内候補、背負うしがらみ」］。
(88)総務省自治行政局選挙部・前掲注(15)23頁、総務省自治行政局選挙部・前掲注(28)21頁。
(89)例えば、２０１４年の福島県知事選挙に関しては、次の報道がされていた、「東日本大震災後初の福島県知事選は9日告示され、無所属の新人6人が立候補を届け出た。（中略）6人とも政党推薦を受けていないが、自民、民主、公明、社民の各党は前副知事を支援し、主要政党が相乗りする構図。共産、新党改革は前岩手県宮古市長を支援している」［読売新聞HP「福島知事選告示、無所属6新人届け出……過去最多」］。

(90)表Ⅳ❶は、総務省統計局・前掲注（34）に基づいて、筆者が作成した。

なお、総務省統計局・前掲注（34）には、「単位未満は四捨五入してあるため、合計の数字と内訳の計が一致しない場合がある」という記載がある。

人口推計は、国勢調査による人口を基準として、その後の人口の動向を他の人口関連資料から得て、毎月1日現在の人口（全国・総人口及び日本人人口）、毎年10月1日現在の都道府県別人口を算出し、提供している（総務省統計局ＨＰ「人口・世帯に関する統計 人口推計」）。

人口推計の範囲は、我が国に常住している全人口（外国人を含む）だ。ただし、外国人のうち、外国政府の外交使節団・領事機関の構成員（随員及び家族を含む）及び外国軍隊の軍人・軍属（家族を含む）は除いている。

なお、「我が国に常住している」とは、3か月以上にわたって住んでいる又は住むことになっていることをいう［「総務省統計局ＨＰ「平成22年国勢調査を基準とした算出方法（現行）」］。総務省統計局・前掲注（34）には、2014年3月1日現在日本人人口（確定値）だけではなく、2014年3月1日現在総人口（確定値）も記載されている。

(91)財務省『報道発表「高齢社会における選択と集中に関する研究会」（財務総合政策研究所）が報告書を取りまとめました』（2014年）参照。

(92)2014年3月18日、朝日新聞は次の報道をした、「朝日新聞社が15、16日に実施した全国世論調査（電話）で、原子力発電所の運転再開の賛否を尋ねたところ、『賛成』は28％で、『反対』の59％が上回った。（中略）昨年7月、9月、今年1月の調査でも同じ質問をしており、『反対』はいずれも56％だった。今回の調査では、男性は『賛成』が39%、『反対』が51%だったのに対し、女性は18%対66%と『反対』が圧倒的だった」〔朝日新聞HP「原発再稼働『反対』59% 朝日新聞世論調査」〕。

(93) 毎日新聞HP「統一地方選：集団的自衛権容認『地方から争点化』の動き」。

2014年7月のNHKの世論調査によると、集団的自衛権行使容認の閣議決定を「評価する」38%、「評価しない」56%だった。ただ、男女別に見ると、男性は、「評価する」50%、「評価しない」46%であり、女性は、「評価する」29%、「評価しない」63%だった〔NHK HP「NHK解説委員室 くらし☆解説『集団的自衛権と国民の視線』」〕。

2014年、自由民主党・公明党の連立政権下で、政府の憲法解釈変更による集団的自衛権行使容認がされた。ただ、そもそも、従来は、両党の集団的自衛権行使容認に関する立場は、同じではなかった。

自由民主党は、政府の憲法解釈変更による集団的自衛権行使容認に積極的な立場。

公明党は、政府の憲法解釈変更による集団的自衛権行使容認に消極的・慎重な立場〔飯田・前掲注(77)43頁〕。

(94) 明るい選挙推進協会・前掲注(2)15頁、54頁。

(95) 岡田浩＝松田憲忠『現代日本の政治──政治過程の理論と実際──』（ミネルヴァ書房、2009年）8頁～9頁参照。

(96) NHK HP「NHK『かぶん』ブログ 特集・川内原発再稼働に鹿児島県が同意」。

(97) 経済産業省HP「茂木経済産業大臣の閣議後記者会見の概要 平成26年5月20日(火)」。

(98) 原発の安全性に関して、2014年11月、宮沢洋一経済産業大臣は次の発言をした、「100%の安全はあり得ないが、（再稼働したとしても）さらに安全に全力を挙げてほしい」（テレビ朝日HP「宮沢大臣が川内原発視察 再稼働の必要性改めて強調」）。

また、原発の安全性に関して、2011年10月27日、第179回国会参議院経済産業委員会で、枝野幸男経済産業大臣（当時）は次の答弁をした。「実はやはり原子力は人間のやることですから一〇〇％の安全はあり得ません。一定のリスクがあります。そのリスクをどうコントロールするのか、あるいはそのリスクをどう受け止めるのかということについては、やはり、例えば日本は地震や津波が世界の中でも圧倒的に多いという客観的な関係が他の国と違いがあります。あるいは国土の面積、人口の密度、あるいは国民の皆さんの様々な受け止め、そういったことなどをトータルでこの原子力が抱えているリスクについてどう判断するのかというのは、これはやっぱりそれぞれの社会、それぞれの国家ごとに判断をされることだろうというふうに思っています」。

(99) 川人ほか・前掲注(63) 187頁。

(100) 健康寿命とは、健康上の問題で日常生活が制限されることなく生活できる期間のこと［厚生労働省厚生科学審議会地域保健健康増進栄養部会次期国民健康づくり運動プラン策定専門委員会『健康日本21（第2次）の推進に関する参考資料』（2012年）19頁］。

国民の健康寿命がのびれば、国の財政に良い影響を与える。

(101) 表Ⅳ❸は、総務省選挙部『第45回衆議院議員総選挙における年齢別投票状況』（2009年）1頁、総務省選挙部『第22回参議院議員通常選挙における年齢別投票状況』（2010年）1頁、総務省選挙部『第46回衆議院議員総選挙における年齢別投票状況』（2013年）1頁、総務省選挙部『第23回参議院議員通常選挙における年齢別投票状況』（2013年）1頁、福岡県『平成23年4月10日執行 福岡県知事選挙における男女別・年齢別投票状況』（2011年）1頁、愛知県『愛知県知事選挙年齢別男女別投票率（平成23年2月6日執行）』（2011年）に基づいて、筆者が作成した。

(102) 選挙制度研究会『実務と研修のためのわかりやすい公職選挙法』（ぎょうせい、第14次改訂版、2007年）174頁。
「選挙運動」に該当するか否かの判断に関して、2005年11月4日、小泉純一郎首相「参議院議員藤末健三君提出インターネット等の選挙運動への活用に関する質問に対する答弁書」は、「公職選挙法（昭和二十五年法律第百号）に規定する『選挙運動』とは、一般的に、『特定の公職の選挙につき、特定の立候補者又は立候補予定者に当選を得させるため投票を得若しくは得させる目的をもって、直接又は間接に必要かつ有利な周旋、勧誘その他諸般の行為をすることをいうものである』（昭和五十二年二月二十四日最高裁判所判決）と解されており、具体の行為が選挙運動に当たるか否かは、当該行為のなされる時期、場所、方法、対象等を総合的に勘案して判断されるべきものである」とする。

その答弁書の記載をふまえるとわかるように、具体的にいかなる行為が「選挙運動」に該当するかは不明確であり、判断が難しい［選挙制度研究会・同注（102）175頁］。

自分のしようとしている活動が、選挙運動に該当するか否かが気になるのであれば、総務省、選挙管理委員会に問い合わせてみるのも良い。公職選挙法を所管しているのが総務省、選挙を管理する機関が選挙管理委員会だ。ちなみに、選挙違反を摘発するのは、警察の捜査第2課だ。

(103) 選挙制度研究会・前掲注（102）181頁。

(104) 飯田・前掲注（71）93頁〜94頁参照。

(105) 総務省自治行政局選挙部・前掲注（1）14頁。

(106) 総務省自治行政局選挙部・前掲注（1）14頁。

　1951年の第2回統一地方選挙、1955年の第3回統一地方選挙、1959年の第4回統一地方選挙では、男性の投票率の方が高い区分と女性の投票率の方が高い区分があった。また、1947年の第1回統一地方選挙では、公表されている全ての区分で、男性の投票率の方が高かった［総務省自治行政局選挙部・前掲注（1）14頁］。

(107) 総務省選挙部『第46回衆議院議員総選挙における年齢別投票状況』（2013年）1頁、総務省選挙部『第45回衆議院議員総選挙における年齢別投票状況』（２００９年）１頁、総務省選挙部『第23回参議院議員通常選挙における年齢別投票状況』（２０１３年）１頁、総務省選挙部『第22回参議院議員通常選挙における年齢別投票状況』（２０１０年）１頁。

（108）伊藤正己『憲法』（弘文堂、第３版、１９９５年）595頁。

（109）第17回統一地方選挙の際、明るい選挙推進協会は、意識調査を実施した。その調査の中に、道府県議会議員選挙で投票したか否かを問うものがあった（道府県議会議員選挙は、本文の①県議に当たる。その統一地方選挙の際には、東京都議会議員選挙が実施されなかったので、「都道府県議会議員選挙」ではなく「道府県議会議員選挙」という表記になっている）。

その結果、回答者の62.2％が「投票した」と回答した（本文で先程述べたように、その統一地方選挙の際、①県議の投票率は48・15％だった。そのため、「投票した」と回答した割合が、実際の投票率より高かった、ということだ）。

そして、「投票した」「投票しなかった」の割合を職業別に見ると、主婦は、「投票した」76.7％、「投票しなかった」23.3％であり、「投票した」の割合が高い。主婦は、暮らし全般を最も身近に感じているため、地方の政治・選挙への関心が強いので、その割合が高い、と分析されている［明るい選挙推進協会・前掲注（２）９頁、30頁、32頁］。

その分析をふまえると、選挙の際、主婦に対しては、主に、暮らしに密接に関係した政策を訴えれば良い、ということになる。

なお、「投票した」の割合が最も高かったのは、無職で79.0％だった。その割合が高い理由は、高齢の有権者を多く含んでいるから、と分析されている。

また、「投票した」の割合が最も低かったのは、学生で29.4％だった。

その他の職業についても述べておくと、「投票した」の割合は、経営者・役員76.8％、正社員・正規職員67.3％、派遣社員50.0％、パート・アルバイト・契約・臨時・嘱託66.2％だった［明るい選挙推進協会・前掲注（2）32頁］。

（110）総務省選挙部『第45回衆議院議員総選挙における年齢別投票状況』（2009年）1頁、総務省選挙部『第22回参議院議員通常選挙における年齢別投票状況』（2010年）1頁、総務省選挙部『第46回衆議院議員総選挙における年齢別投票状況』（2013年）1頁。

（111）総務省選挙部『第23回参議院議員通常選挙における年齢別投票状況』（2013年）1頁。

（112）福岡県・前掲注（101）1頁。

（113）愛知県・前掲注（101）。

（114）表Ⅳ❹は、総務省『平成25年通信利用動向調査の結果（概要）』（2014年）3頁、総務省『平成24年通信利用動向調査の結果（概要）』（2013年）3頁に基づいて、筆者が作成した。

なお、個人のインターネット利用率は、所属世帯年収によっても違う。具体的にいうと、2013年末、利用率は、所属世帯年収200万円未満65.3％、200万円以上400万円未満75.9％、400万円以上600万円未満83.5％、600万円以上800万円未満88.1％、800万円以上1000万円未満87.2％、1000万円以上89.9％だ［総務省『平成25年通信利用動向調査の結果（概要）』（2014年）2頁］。

所属世帯年収が600万円以上になると、利用率はあまり違わない。

（115）総務省『平成25年通信利用動向調査ポイント』（2014年）4頁。

（116）本文では、候補者のブログのコメントに注目したが、それは極めて些細なことだ。

規制で守られているものが、規制を守るために、政治家・官僚に対する活動を懸命に行った結果、その規制が維持されることになる。そして、それが癒着の原因になる［久米郁男ほか『政治学 Political Science: Scope and Theory』（有斐閣、2003年）47頁～49頁参照］。

（117）候補者がブログである主張をしたとき、ブログのコメント欄が反対でいっぱいになってしまったら、それを見た人（有権者）はどう思うだろうか。「この主張は本当に正しいのだろうか」「この主張は不適切なのだろうな」と思う可能性がある。

その可能性が否定できないということは、インターネットショッピングのレビューを思い起こすと納得できるだろう。消費者は、ある商品に対する他者の評価を判断要素の1つとして、その商品に対する自分の評価を形成し、その商品を購入するか否かを決定する。

候補者がブログに掲載した主張、コメント欄のコメントに関して、それと同じ現象が生じる可能性があることは否定できない。

以上のことからわかるだろうが、第三者は、コメント欄を利用して、候補者の主張に対する評価を低下させることができる。

そのようなことを避けるため、ブログのコメント欄を閉鎖しておくというのも、1つの選択肢だ。

ブログのコメント欄を閉鎖しても、有権者から意見をもらうことはできる。例えば、メールで意見をもらうこともできるし、メッセージ機能がついているブログであれば、それで意見をもらうこともできる。

(118) 2000年11月、自由民主党で加藤の乱があった。ネットが権力闘争に絡んだ初めての事例だったので、加藤の乱はネット政局といわれた。具体的には、加藤の乱の主人公である自由民主党の加藤紘一衆議院議員（当時）が、森喜朗首相（当時）の退陣を求める動きをした。加藤衆議院議員（当時）のその動きを後押ししたのが、インターネットでの激励だった。加藤衆議院議員（当時）は森首相（当時）を退陣させることに失敗し、加藤の乱は加藤衆議院議員（当時）の敗北で終わった［蒲島郁夫ほか『メディアと政治』（有斐閣、2007年）268頁～269頁］。

そして、森首相（当時）を守る動きをした野中広務氏（当時は、自由民主党幹事長、衆議院議員）によると、「私は、加藤さんはインターネットに狂わされたのだと思う。その少し前、加藤さんはホームページを作って公開していたのだが、そこに支持者から次々とメールが入ってくる。そのほとんどは『現状打破のために立て』と加藤さんをあおる内容だったようだ。加藤さんはそれで興奮して、『俺のメールを見てみろ』と私に言っていたものだ。しかしメールを送ってきていた人の多くは、まだ選挙権もないような若い人たちだった」ということだ［野中広務『老兵は死なず 野中広務全回顧録』（文藝春秋、2005年）208頁］。

（119）朝日新聞HP「次世代の党惨敗、ネット右派頼み限界 理念先行薄い政策」。

（120）生活の党は、「生活の党と山本太郎となかまたち」になったが、2015年1月9日現在、Twitterのアカウントは生活の党名義だったので、本書では「生活の党」と表記する。

（121）自民党広報 @jimin_koho（自由民主党公式アカウント） 公明党広報 @komei_koho（公明党広報公式アカウント） 次世代の党 @j_pfg 日本共産党 @jcp_cc 生活の党 @seikatsu1pr 民主党 @dpjnews 社会民主党 @SDPJapan 維新の党 @ishinnotoh。

（122）表Ⅳ❺は、総務省『平成25年通信利用動向調査の結果（概要）』（2014年）2頁、総務省『平成24年通信利用動向調査の結果（概要）』（2013年）2頁、総務省『平成23年通信利用動向調査の結果（概要）』（2012年）2頁、総務省『平成22年通信利用動向調査の結果（概要）』（2011年）2頁、総務省『平成21年通信利用動向調査の結果（概要）』（2010年）3頁に基づいて、筆者が作成した。

なお、個人のインターネット利用率には、男女差がある。具体的にいうと、2013年末、男女の利用率は、それぞれ、6～12歳73.4％・73.2％、13～19歳98.0％・97.8％、20～29歳98.3％・98.8％、30～39歳97.1％・97.7％、40～49歳96.7％・96.5％、50～59歳92.9％・89.9％、60～64歳83.1％・70.1％、65～69歳75.0％・62.9％、70～79歳57.3％・41.6％、80歳以上26.7％・19.8％、全体86.1％・79.7％だ［総務省『平成25年通信利用動向調査の結果（概要）』（2014年）2頁］。高齢の世代で男女差が大きく、男性の利用率は、女性の利用率より、かなり高い。

（123）表Ⅳ❻は、総務省『平成25年通信利用動向調査の結果（概要）』（2014年）2頁と総務省統計局『人口推計

――平成26年5月報――』(2014年)に基づいて、筆者が作成した。

(124)飯田・前掲注(71)72頁~78頁参照。

(125)総務省『平成17年通信利用動向調査の結果』(2006年)3頁。

(126)明るい選挙推進協会・前掲注(2)41頁。

(127)明るい選挙推進協会・前掲注(2)41頁。

(128)明るい選挙推進協会・前掲注(2)41頁~42頁。

(129)総務省HP「投票制度 期日前投票制度の概要」。

(130)「天気と投票率の関係に詳しい田中善一郎・東京工業大名誉教授(政治学)によると、投票率は曇り、晴れ、雨の順に下がる傾向がある。雨なら外出を控え、好天すぎると行楽で遠出する有権者が増えるためだ」(朝日新聞HP「強い寒気、衆院選投票率も冷え込む? 各地で雪の予報」)。

(131)組織的な投票依頼は投票参加を促進する〔川人貞史ほか『現代の政党と選挙』(有斐閣、2001年)179頁〕。

(132)川人ほか・前掲注(63)182頁~183頁、久米ほか・前掲注(116)446頁~447頁。

(133)事情がよく分からないということに関して、補足する。

第17回統一地方選挙の際、明るい選挙推進協会は、意識調査を実施した。その調査の中に、道府県議会議員選挙で投票したか否かを問うものがあった。その結果、回答者の62.2%が「投票した」と回答した〔前掲注(109)参照〕。

そして、「投票した」「投票しなかった」の割合を、現在住んでいる市(区・町・村)の居住年数の関係で見ると、居住年数が長いほど、「投票した」の割合が高い。

具体的にいうと、「生まれてからずっと」及び「20年以上」現在の居住市に住んでいる人は、「投票した」の割合が76.7%。

「10年以上」現在の居住市に住んでいる人は、「投票した」の割合が65.3％。
「3年以上」現在の居住市に住んでいる人は、「投票した」の割合が58.5％。
「3年未満」現在の居住市に住んでいる人は、「投票した」の割合が34.5％。

居住年数が短いと、地域社会との関係が薄く、地域の情報も十分でないため、身近な地方選挙で棄権する人が多くなる、と考えられている［明るい選挙推進協会・前掲注（2）32頁］。

以上のことをふまえると、地域社会との関係が薄く、地域の情報も十分でない状況は、一般に、相当の年月続くと考えられる。そのため、他の候補者に先んじて、棄権する人が多くなる理由を解消するように活動すれば、例えば、居住年数が短い人に、地域の情報を積極的に提供し、問題意識を共有すれば、獲得票数の増加につながりやすい、と考えられる。

(134) 現職候補者に挑む候補者の評価については、主張の強さ（極端さ）がプラスに働く［川人ほか・前掲注（63）189頁］。

(135) 朝日新聞ＨＰ「統一選の投票所１８００カ所減　バス送迎する自治体も」参照、日本農業新聞ＨＰ「中山間地　投票所が減少『選挙に行けぬ』移動手段なく高齢者困惑」参照。

(136) 川人ほか・前掲注（63）185頁。

ここで、有権者の投票義務感と投票参加に関して、補足する。

第17回統一地方選挙の際、明るい選挙推進協会は、意識調査を実施した。その調査の中に、投票義務感に関して、次のどれに近い考え方をもっているかの質問があった、「投票することは国民の義務である」「投票することは、国民の権利であるが、棄権すべきではない」「投票する、しないは個人の自由である」。

結果は、「投票することは国民の義務である」53.1％、「投票することは、国民の権利であるが、棄権すべきではない」24.1％、「投票する、しないは個人の自由である」22.3％だった。

そして、「投票することは国民の義務である」を選択した人の81.2％が、「投票した」と回答した。また、「投票することは、国民の権利であるが、棄権すべきではない」を選択した人の83.3％が、「投票した」と回答した。そして、「投票する、しないは個人の自由である」を選択した人の35.4％が、「投票した」と回答した［明るい選挙推進協会・前掲注（2）35頁］。

以上のことをふまえると、投票義務感に関する考え方が、有権者が投票するか否かに大きく影響しているといえる。

(137) 明るい選挙推進協会・前掲注（2）40頁。

(138) 明るい選挙推進協会・前掲注（2）40頁。

(139) 川人ほか・前掲注（63）185頁。

(140) 明るい選挙推進協会・前掲注（2）49頁。

(141) ソーシャルメディアとは、インターネット上のWebサービスの一種で、サービス利用者間で双方向のコミュニケーションを可能とするもの［経済産業省『国、地方公共団体等公共機関における民間ソーシャルメディアを活用した情報発信について』（2011年）］。具体的には、SNS（ソーシャル・ネットワーキング・サービス）、Twitter、ブログ等のこと。

なお、本文でインターネットの世代別利用率に関して述べたが、ソーシャルメディアの世代別利用率は、2013年、全体57.1％、10～19歳76.3％、20～29歳91.0％、30～39歳80.8％、40～49歳60.5％、50～59歳36.7％、60～69歳14.3％だ［総務省情報通信政策研究所『平成25年情報通信メディアの利用時間と情報行動に関する調査〈速報〉』（2014年）11頁］。

また、サービス別のソーシャルメディア利用率は、LINE44.0％、Google+27.3％、Facebook26.1％、Twitter17.5％、mixi12.3％、Mobage11.4％、GREE10.0％だ［総務省情報通信政策研究所・

同注（141）11頁］。
（142）第17回統一地方選挙の際、明るい選挙推進協会は、意識調査を実施した。
その調査の中に、道府県議会議員選挙で、政党関係を重くみて投票したか、候補者個人を重くみて投票したか、を問うものがあった。結果は、「候補者個人を重くみて」49.5％、「政党関係を重くみて」37.0％、「一概にはいえない」12.7％だった［明るい選挙推進協会・前掲注（2）38頁］。
（143）以前、衆議院議員選挙で中選挙区制（1選挙区から、3～5人を選出する選挙区制）が採用されていたとき、自由民主党は、過剰公認による同士討ちの弊害を、候補者数を減らすことによってある程度コントロールできたが、候補者間の獲得票数の不均等配分を是正することには成功しなかった［川人ほか・前掲注（63）142頁］。
なお、中選挙区制は、大選挙区制（1選挙区から、2人以上を選出する選挙区制）の一種だ。
（144）ＮＨＫ ＨＰ「米大統領選挙 ＳＮＳで進化するネット選挙」。
（145）東京新聞 ＨＰ「ネット選挙 先行韓国は ＳＮＳ戦略 朴氏奏功」。
（146）ＮＨＫ ＨＰ「ネット選挙解禁へ 政治はどう変わる」。
（147）飯田・前掲注（71）118頁～120頁参照。
もちろん、文章表現の方が優れている点もある。

文章表現は、複雑な情報・細かな情報を伝達するのに適している。

ビジュアル表現・文章表現の長所・短所を認識し、それらを使い分け、併用することが重要だ。
（148）飯田・前掲注（77）156頁。
首相官邸 ＨＰ「平成26年5月15日安倍内閣総理大臣記者会見」参照。
（149）本文では、当選を得る目的での虚偽事項公表について述べたが、禁止されているのはそれだけではない。当選を得させる目的での虚偽事項公表も、禁止されている（公職選挙法235条1項）。

(150) 表Ⅴ❷は、明るい選挙推進協会『第16回（平成19年4月）統一地方選挙の実態――調査結果の概要――』（２００８年）40頁に基づいて、筆者が作成した。
(151) 表Ⅴ❸は、明るい選挙推進協会・前掲注（2）42頁に基づいて、筆者が作成した。
(152) 表Ⅴ❹は、明るい選挙推進協会・前掲注（2）43頁に基づいて、筆者が作成した。
(153) 明るい選挙推進協会・前掲注（2）43頁。なお、第16回統一地方選挙の際の調査には、「資源エネルギー」という選択項目はなかった。
(154) 明るい選挙推進協会『第15回（平成15年4月）統一地方選挙の実態――調査結果の概要――』（２００４年）42頁。
(155) 明るい選挙推進協会・前掲注（2）43頁。
(156) 川人ほか・前掲注（63）190頁。
　なお、争点を分かりやすさによって、易しい争点と難しい争点に分けると、易しい争点の方が、争点投票が生じやすい［川人ほか・前掲注（63）191頁～192頁］。有権者に馴染みの薄い難しいことを争点にしても、争点投票は生じにくい、ということだ。
(157) 明るい選挙推進協会『第46回衆議院議員総選挙全国意識調査 調査結果の概要』（２０１３年）56頁。
(158) 明るい選挙推進協会『第23回参議院議員通常選挙全国意識調査 調査結果の概要』（２０１４年）57頁。
(159) 表Ⅴ❺、表Ⅴ❻は、明るい選挙推進協会・前掲注（2）44頁に基づいて、筆者が作成した。
(160) 朝日新聞ＨＰ「子どもの連れ去り・誘拐、増加傾向 9年ぶりに100件」。
(161) ＮＨＫ・前掲注（96）。
(162) 双方向性に関し、ＮＨＫの取材に対してＴｗｉｔｔｅｒ社のディック・コストロＣＥＯは「リアルタイムの議論が行われることで、候補者は即座に反応することが求められ、選挙運動はこれまでと全く変わるだろう。候補者はその本質が問われることになる」と発言した［ＮＨＫ ＨＰ「ツイッター〝選挙を変えるか〟」］。

(163) ＮＨＫ ＨＰ「検証〝ネット選挙〟」参照。
(164) 炎上とは、インターネット上で批判が殺到すること。
(165) 川人ほか・前掲注（131）170頁～171頁。
(166) 飯田泰士『原発国民投票をしよう！ 原発再稼働と憲法改正』（えにし書房、２０１５年）49頁～54頁参照、飯田・前掲注（77）81頁、186頁～187頁参照。
(167) ２０１４年12月、次の報道がされた、「首相は衆院解散を表明した先月18日の会見で、原発政策について『有意義な論戦を行っていきたい』と語った。しかし、2日の公示日に東京電力福島第一原発事故の被災地の福島県内での第一声でも、原発事故には触れず、以後、60回を超えた街頭演説で原発に直接触れたことはない。11日は川内原発が立地する鹿児島県薩摩川内市で地元県連の要請を受けて初めて再稼働について約30秒訴えたが、『原発』という言葉は使わず、『低廉で安定的なエネルギー供給は国民生活を守るために必要だ。電力を供給していただき、本当に感謝申し上げる』と語っただけで、『アベノミクス』の成果が中心だった。地元国会議員の一人は『世論の反対が多い原発を争点化するのは得策でない』と語る。民主党も事情は同じだ。マニフェストに『２０３０年代のゼロ』を掲げるが、原発再稼働を容認する電機・電力系労働組合の支援も受けており、海江田代表も街頭演説でほとんど触れない。維新の党は放射性廃棄物の『最終処分場の解決なくして再稼働なし』、共産、生活、社民、改革の各党は『再稼働反対』を訴えるが、論戦は深まっていない」［朝日新聞ＨＰ「選挙論戦、語られぬ原発 主要政党、地元でも論点にせず」］。

〈参考資料〉

●書籍・論文

・愛知県『愛知県知事選挙年齢別男女別投票率（平成23年2月6日執行）』（2011年）
・明るい選挙推進協会『第17回統一地方選挙全国意識調査―調査結果の概要―』（2012年）
・明るい選挙推進協会『第15回（平成15年4月）統一地方選挙の実態―調査結果の概要―』（2004年）
・明るい選挙推進協会『第16回（平成19年4月）統一地方選挙の実態―調査結果の概要―』（2008年）
・明るい選挙推進協会『第23回参議院議員通常選挙全国意識調査 調査結果の概要』（2014年）
・明るい選挙推進協会『第46回衆議院議員総選挙全国意識調査 調査結果の概要』（2013年）
・明るい選挙推進協会HP「地方選挙 統一地方選挙の投票率推移」
・飯田泰士『改憲論議の矛盾―憲法96条改正論と集団的自衛権行使容認』（花伝社、2014年）
・飯田泰士『原発国民投票をしよう！ 原発再稼働と憲法改正』（えにし書房、2015年）
・飯田泰士『憲法96条改正を考える』（弁護士会館ブックセンター出版部LABO、2013年）
・飯田泰士『集団的自衛権―2014年5月15日「安保法制懇報告書」／「政府の基本的方向性」対応』（彩流社、2014年）
・飯田泰士『新法対応！ ネット選挙のすべて 仕組みから活用法まで』（明石書店、2013年）
・飯田泰士『成年被後見人の選挙権・被選挙権の制限と権利擁護―精神・知的障害者、認知症の人の政治参加の機会を取り戻すために』（明石書店、2012年）
・伊藤正己『憲法』（弘文堂、第3版、1995年）
・伊藤光利『ポリティカル・サイエンス事始め』（有斐閣、第3版、2009年）

・江澤和雄「『超高齢社会』における高齢者の学習支援の課題」レファレンス2013年8月号（2013年）
・NHK『「川内原発とエネルギーに関する調査」単純集計表』（2014年）
・NTT労働組合データ本部HP「Lesson88組織内候補」
・岡田浩＝松田憲忠『現代日本の政治――政治過程の理論と実際――』（ミネルヴァ書房、2009年）
・岡沢憲芙『政治学』（法学書院、第5版、2011年）
・外務省HP「ISILにより被害を受けたイラク国内避難民等及びレバノンに流入したシリア難民等に対する緊急無償資金協力」
・外務省HP「Statement by the Minister for Foreign Affairs of Japan on the Formation of the New Government in Iraq」
・蒲島郁夫ほか『メディアと政治』（有斐閣、2007年）
・加茂利男ほか『現代政治学』（有斐閣、第3版、2007年）
・川人貞史ほか『現代の政党と選挙』（有斐閣、2001年）
・川人貞史ほか『現代の政党と選挙』（有斐閣、新版、2011年）
・久米郁男ほか『政治学 Political Science: Scope and Theory』（有斐閣、2003年）
・経済産業省『国、地方公共団体等公共機関における民間ソーシャルメディアを活用した情報発信について』（2011年）
・経済産業省HP「茂木経済産業大臣の閣議後記者会見の概要 平成26年5月20日（火）」
・厚生労働省厚生科学審議会地域保健健康増進栄養部会次期国民健康づくり運動プラン策定専門委員会『健康日本21（第2次）の推進に関する参考資料』（2012年）
・公明党HP「よくあるご質問 公明党と創価学会の関係は？」
・財務省『報道発表「高齢社会における選択と集中に関する研究会」（財務総合政策研究所）が報告書を取りまとめました』（2014年）
・佐々木毅『政治学講義』（東京大学出版会、1999年）

・佐藤令ほか『主要国の各種法定年齢――選挙権年齢・成人年齢引下げの経緯を中心に』（国立国会図書館調査及び立法考査局、2008年）
・ジェラルド・カーティス（山岡清二＝大野一訳）『代議士の誕生』（日経BP社、2009年）
・次世代の党「次世代の党チャンネル」
・次世代の党『タブーブタ／次世代の党』
・次世代の党『タブーブタ第2／次世代の党』
・自由民主党『【自民党ネットCM】プロポーズ篇』
・自由民主党『【自民党ネットCM】ラーメン篇』
・首相官邸HP『犯罪対策閣僚会議（第22回）配布資料【ISIL（「イラク・レバントのイスラム国」）等国際テロに係る関係省庁の取組状況】』
・首相官邸HP「平成26年5月15日安倍内閣総理大臣記者会見」
・首相官邸HP「平成26年9月29日第百八十七回国会における安倍内閣総理大臣所信表明演説」
・首長の多選問題に関する調査研究会『首長の多選問題に関する調査研究会報告書』（2007年）
・首長の多選問題に関する調査研究会『首長の多選問題に関する調査研究会報告書（要旨）』』（2007年）
・スティーブン・R・リード「並立制における小選挙区候補者の比例代表得票率への影響」選挙研究18号（2003年）
・選挙制度研究会『実務と研修のためのわかりやすい公職選挙法』（ぎょうせい、第14次改訂版、2007年）
・総務省『平成25年版情報通信白書』（日経印刷、2013年）
・総務省『平成17年通信利用動向調査の結果』（2006年）
・総務省『平成25年通信利用動向調査の結果（概要）』（2014年）
・総務省『平成24 年通信利用動向調査の結果（概要）』（2013年）
・総務省『平成23年通信利用動向調査の結果（概要）』（2012年）

・総務省『平成22年通信利用動向調査の結果（概要）』（2011年）
・総務省『平成21年通信利用動向調査の結果（概要）』（2010年）
・総務省『平成25年通信利用動向調査ポイント』（2014年）
・総務省選挙部『第23回参議院議員通常選挙における年齢別投票状況』（2013年）
・総務省選挙部『第22回参議院議員通常選挙における年齢別投票状況』（2010年）
・総務省選挙部『第45回衆議院議員総選挙における年齢別投票状況』（2009年）
・総務省選挙部『第46回衆議院議員総選挙における年齢別投票状況』（2013年）
・総務省自治行政局選挙部『平成15年4月執行地方選挙結果調』（2004年）
・総務省自治行政局選挙部『平成19年4月執行地方選挙結果調』（2008年）
・総務省自治行政局選挙部『平成19年7月29日執行第21回参議院議員通常選挙結果調』（2007年）
・総務省自治行政局選挙部『平成25年7月21日執行第23回参議院議員通常選挙結果調』（2013年）
・総務省自治行政局選挙部『平成23年4月執行地方選挙結果調』（2012年）
・総務省自治行政局選挙部『平成26年12月14日執行衆議院議員総選挙・最高裁判所裁判官国民審査結果調』（2014年）
・総務省情報通信政策研究所『平成25年情報通信メディアの利用時間と情報行動に関する調査〈速報〉』（2014年）
・総務省総合通信基盤局電気通信事業部消費者行政課『ソーシャルメディアガイドラインの普及促進等に関する取組～「スマートユースイニシアティブ」を受けて～』（2013年）
・総務省統計局『人口推計―平成26年5月報―』（2014年）
・総務省統計局『人口推計―平成26年8月報―』（2014年）
・総務省統計局HP「平成22年国勢調査を基準とした算出方法（現行）」
・総務省HP「住民基本台帳に基づく人口、人口動態及び世帯数」
・総務省HP『首長の多選問題に関する調査研究会報告書参考資料』

・総務省ＨＰ「成年被後見人の方々の選挙権について」
・建林正彦ほか『比較政治制度論』（有斐閣、２００８年）
・地方分権推進委員会『第2次勧告』（１９９７年）
・中小企業庁『平成20年度フランチャイズ契約の留意点 フランチャイズ事業を始めるにあたって』（２００８年）
・内閣府『高齢社会白書平成26年版』（日経印刷、２０１４年）
・日本学術会議政治学委員会政治過程分科会『提言 各種選挙における投票率低下への対応策』（２０１４年）
・野中俊彦ほか『憲法Ⅰ』（有斐閣、第5版、２０１２年）
・野中俊彦ほか『憲法Ⅱ』（有斐閣、第5版、２０１２年）
・野中広務『老兵は死なず 野中広務全回顧録』（文藝春秋、２００５年）
・長谷部恭男『憲法』（新世社、第3版、２００４年）
・福岡県『平成23年4月10日執行 福岡県知事選挙における男女別・年齢別投票状況』（２０１１年）
・丸山敬一『政治学原論』（有信堂、１９９３年）
・宮田理江「ブランドの行く末を左右する生き残りを賭けた『セカンドライン』の成否」MediaSabor ＨＰ
・三輪和宏「諸外国の多選制限の現況」レファレンス ２００７年7月号（２００７年）
・三輪和宏「諸外国の多選制限の歴史」レファレンス ２００７年6月号（２００７年）
・村上弘「相乗り型無所属首長の形成要因と意味：国際比較を手がかりに」年報行政研究30（１９９５年）
・森裕城「選挙過程における利益団体の動向：二〇〇五年衆院選・二〇〇七年参院選の分析とＪＩＧＳ２調査の報告」同志社法学60巻5号（２００８年）

●報道

・ＡＦＰ ＨＰ「サハロフ賞受賞のマララさん、ＥＵ議会で受賞演説」

・朝日新聞ＨＰ「『選ぶ人がアホでも』自民参院幹事長、有権者軽視？」
・朝日新聞ＨＰ「原発再稼働『反対』59％　朝日新聞世論調査」
・朝日新聞ＨＰ「公明、議員在職24年に制限　定年は69歳に引き上げ」
・朝日新聞ＨＰ「子どもの連れ去り・誘拐、増加傾向　9年ぶりに100件」
・朝日新聞ＨＰ「次世代の党惨敗、ネット右派頼み限界　理念先行薄い政策」
・朝日新聞ＨＰ「自民、福島知事選で相乗り模索　原発の争点化回避狙う」
・朝日新聞ＨＰ「政活費400万円返還へ　兵庫県議20人が不適切支出」
・朝日新聞ＨＰ「選挙論戦、語られぬ原発　主要政党、地元でも論点にせず」
・朝日新聞ＨＰ「強い寒気、衆院選投票率も冷え込む？　各地で雪の予報」
・朝日新聞ＨＰ「統一選の投票所１８００カ所減　バス送迎する自治体も」
・朝日新聞ＨＰ「（良識の府どこへ）組織内候補、背負うしがらみ」
・ＮＨＫ ＨＰ「『イスラム国』世界に広がる脅威」
・ＮＨＫ ＨＰ「ＷＥＢ特集 川内原発再稼働に鹿児島県が同意」
・ＮＨＫ ＨＰ「ＮＨＫ解説委員室 くらし☆解説『集団的自衛権と国民の視線』」
・ＮＨＫ ＨＰ「ＮＨＫ『かぶん』ブログ 特集・川内原発再稼働に鹿児島県が同意」
・ＮＨＫ ＨＰ「ツイッター〝選挙を変えるか〟」
・ＮＨＫ ＨＰ「ネット選挙解禁へ 政治はどう変わる」
・ＮＨＫ ＨＰ「米大統領選挙 ＳＮＳで進化するネット選挙」
・京都新聞ＨＰ「知事選、多選あり？　なし？　石川・茨城では6選も」
・産経新聞ＨＰ「『イスラム国』呼称『ＩＳＩＬ』に自民申し合わせ」
・産経新聞ＨＰ「福島県知事選で揺れる自民　相乗り目指す党本部vs県連は独自候補」

・JCASTニュースHP「別の兵庫県議がマスコミから逃走して話題に その後に不正支出疑惑を否定」
・CNN HP「『イスラム国』『ISIS』『ISIL』 その違いは?」
・CNN HP「東京都議会で女性議員にセクハラやじ」
・テレビ朝日HP「〝号泣〟野々村元兵庫県議 詐欺容疑で書類送検へ」
・テレビ朝日HP「宮沢大臣が川内原発視察 再稼働の必要性改めて強調」
・東京新聞HP「中央区長8選出馬表明 多選批判 自民は対抗馬」
・東京新聞HP「ネット選挙 先行韓国はSNS戦略 朴氏奏功」
・日本経済新聞HP「アベノミクスに通信簿つける選挙」
・日本経済新聞HP「衆院選投票率、戦後最低の52・66% 総務省」
・日本テレビHP「LINEトラブル 山本府議に離団を命令」
・日本農業新聞HP「中山間地 投票所が減少『選挙に行けぬ』移動手段なく高齢者困惑」
・Newsweek HP「タリバンが暗殺したがった14歳少女 Why Did The Taliban Shoot This Girl ?」
・毎日新聞HP「維新:増殖139団体……橋下効果に便乗『まね』逆効果も」
・毎日新聞HP「〈自治体議会〉都市部『風』頼みで議員団自滅」
・毎日新聞HP「選挙:福島県知事選 自民党本部、相乗り『争点隠し』復興・原発、影響避け」
・読売新聞HP「【衆院選検証】自民、実感なき勝利」
・読売新聞HP「福島知事選告示、無所属6新人届け出……過去最多」
・47NEWS HP「自民、福島県知事選で相乗り要請 本部が県連に」
・47NEWS HP「【福島県知事選挙】各党相乗りに失望の声も 目に見える復興必要」

●国会答弁等（答弁等の内容は、国立国会図書館「国会会議録検索システム」を用いて、各国会会議録から引用した）

・1945年12月12日、第89回帝国議会貴族院本会議、堀切善次郎内務大臣（当時）答弁
・1995年2月14日、第132回国会参議院労働委員会、西岡瑠璃子参議院議員（当時）発言
・2001年6月6日、第151回国会衆議院政治倫理の確立及び公職選挙法改正に関する特別委員会、遠藤和良総務副大臣（当時）答弁
・2004年6月2日、第159回国会衆議院決算行政監視委員会、小泉純一郎首相（当時）答弁
・2011年10月27日、第179回国会参議院経済産業委員会、枝野幸男経済産業大臣（当時）答弁
・2013年6月13日、第183回国会衆議院憲法審査会、橘幸信衆議院法制局法制企画調整部長（当時）答弁
・2014年9月29日、第187回国会衆議院本会議、安倍晋三首相答弁
・2014年10月31日、第187回国会衆議院地方創生に関する特別委員会、安倍晋三首相答弁

●答弁書

・2012年3月2日、野田佳彦首相「衆議院議員馳浩君提出若年層における選挙の低投票率に関する質問に対する答弁書」
・2005年11月4日、小泉純一郎首相「参議院議員藤末健三君提出インターネット等の選挙運動への活用に関する質問に対する答弁書」

あとがき

4年に一度の統一地方選挙にあわせて出版する本書は、間接民主制に関する本だ。

また、原発再稼働の動きにあわせて先月出版した『原発国民投票をしよう！』は、直接民主制に関する本だ。

民主制に関する本という点で、両者は共通する。

同じ年に、そういう本を出版できて良かったな、と思っている。

さて、本書の出版にあたっては、前著・前々著と同様、塚田敬幸氏にお世話になっている。

今後も、もちろん、多くの方々にご協力していただいたうえで、出版されることになる。

そのような多くのご協力に感謝しつつ、また、この本によってどのような方とつながることができるのかを楽しみにしつつ、本書を終わる。

２０１５年３月

飯田泰士

〔著者紹介〕
飯田 泰士
（いいだ・たいし）

東京大学大学院法学政治学研究科修了。
東京大学大学院医学系研究科生命・医療倫理人材養成ユニット修了。
近時の研究分野は、選挙・憲法・医療に関する法制度。

著書

2015年

『原発国民投票をしよう！』（えにし書房）

2014年

『集団的自衛権』（彩流社）

『改憲論議の矛盾』（花伝社）

2013年

『憲法96条改正を考える』（弁護士会館ブックセンター出版部LABO）

『ネット選挙のすべて』（明石書店）

2012年

『成年被後見人の選挙権・被選挙権の制限と権利擁護』（明石書店）

Enishi Shobo

地方選挙ハンドブック
傾向・対策と問題点

2015年 4月8日 初版第1刷発行

■著者　飯田泰士
■発行者　塚田敬幸

■発行所　えにし書房株式会社
〒102-0074 東京都千代田区九段南2-2-7-3F
TEL 03-6261-4369　FAX 03-6261-4379
ウェブサイト　http://www.enishishobo.co.jp
E-mail　info@enishishobo.co.jp

■印刷／製本　壮光舎印刷株式会社
■装幀　又吉るみ子
■DTP　板垣由佳

　ISBN978-4-908073-10-6 C0036